孙中山故居纪念馆
中山市孙中山研究所　编

总　主　编　萧润君

北京市国家税务局通用机打发票

发 票 联

发票代码 11001272021
发票号码 00966427

（手工开无效）

货物或应税劳务名称	规格型号	单位	数量	单价	金额
图书		个	1	204.50	204.50

行业分类：

开票日期：2012年12月30日

江苏圆周电子商务
有限公司北京分公司
00985：6-153（21）

顾客名称及地址：个人

合计金额（大写）：○贰佰零肆元伍角

合计金额（小写）：￥204.50

备注：00985：6-153（21）（1966427）D：4237241533)

开票人：寇林萍　　收款人：

税务登记号：11019258816506

发票密码：11019258816506

第一联 发票联 购货单位付款凭证

东印2011年12月印300万份(2000份×2)#　00000001—03000000

普通发票查询说明

1、发票真伪的简易鉴别方法：

（1）发票代码、发票号码及密码采用数码喷印工艺印刷，置于十倍以上放大镜下，可看到以上号码由颗粒状图案组成。

（2）将35°C以上热源（如：手指）置于发票背面的"热感应区"，3秒钟左右发票正面的"税徽"图案颜色变浅或呈无色。

（3）将"发票监制章"置于十倍以上放大镜下，可看到"发票监制章"内环线中有"北京国税"字样。

（4）在发票联纸背面采用手指甲划线的方法，发票联背面纸张显紫红色线条。

2、北京市国家税务局通发票可采用网上查询发票真伪。请登录北京市国家税务局新版普通发票查询网站（www.bjsat.gov.cn）省页，点击"发票查询"开通查询功能的发票，"密码"区已覆盖，请按网站提示"发票代码"、"发票号码"和"密码"后，按"查询"键进行发票查询信息。

3、直接到开票方所在地区，县（地区）国家税务局征收管理部门可以查询发票。

4、消费者有权拒收已刻开或不能刻开发票。

5、对于违反发票管理法规的行为，任何单位和个人有权举报，北京市国家税务局纳税服务热线电话：12366。

此发票系北京市经济技术开发区国家税务局批准印刷 东印11·12

孙中山与翠亨历史文化丛书

李仙根
日记·诗集

主　编／王业晋

整理／黄健敏　李宁

文物出版社

孙中山与翠亨历史文化丛书

总　序

　　孙中山在翠亨村诞生，并由此走向世界。翠亨村及其附近，中西文化的碰撞与交融产生了这里的特色文化，在中国近现代历史上涌现出以孙中山为杰出代表的一批风云人物，这绝非历史的偶然，这个区域的历史人文值得深入探寻与研究。孙中山故居纪念馆把"孙中山与翠亨"作为业务工作的主要聚焦点，亦是必然。

　　孙中山故居纪念馆从 1956 年成立至今已 50 周年。近年来，本馆围绕"孙中山与翠亨"这一业务工作的主要聚焦点，坚持"保护文物及其环境求发展"的宗旨，坚持"有特色才有生命力"的理念，在文物及其环境保护方面坚持"守旧"——守护价值，在管理理念和手段方面大胆创新。我们建立了以"孙中山及其成长的社会环境"为主题，兼具历史纪念性和民俗性、立体和多元化的陈列展览体系，并以现代管理理念及网络化、数字化、智能化的科技手段，运用现代系统理论和 ISO9001 国际质量管理标准体系和 ISO14001 国际环境管理标准体系实行科学管理。

　　在孙中山故居纪念馆的业务基础上，我们组建了"中山市民俗博物馆"、"中山市孙中山研究所"、"逸仙图书馆"以拓展业务，相关的研究不断取得成果。本馆与相关部门合作建立"广东省社会科学院孙中山研究基地"、"中山大学中国近现代史教学实践基地"，对本馆业务研究工作是一个很大的促进。我们在努力实现本馆科学研究职能的同时，发挥自身的社会教育职能，积极开展普及性的社会教育工作，建设好"全国爱国主义教育示范基地"。我们注意处理好博物馆学术研究与普及教育的关系，注意处理好博物馆业务职能与旅游服务的关系，取得了良好的社会效益、经济效益和环境效益。

　　在本馆把业务工作的主要聚焦点放在"孙中山与翠亨"，以孙中山及其成长的社会环境开展业务与研究的同时，"孙中山与翠亨"的课题也越来越多地受到了孙中山与中国近现代史研究及民俗文化研究学者的关注，一些学者也积极参与其中，开展了相关的调查和研究工作，我们为这些学者们的工作提供了必要的支持和帮助，他们的研究成果也许是"孙中山与翠亨"主题的重要构成或补充。

孙中山故居纪念馆、中山市孙中山研究所以"孙中山与翠亨"为主题，推出系列丛书，推介本馆业务人员和有志参与这方面课题研究的学者的成果，向读者和游客介绍孙中山及其成长的社会环境，向相关的研究者提供参考资料，以此进一步推进孙中山及其成长的社会环境以及孙中山领导的革命运动和相关人物的深入研究，同时也为实现本馆社会教育职能、开展普及性的工作奠定基础。

2006年我们迎来了孙中山故居纪念馆建馆50周年、伟大的孙中山先生诞辰140周年，我们从今年开始推出"孙中山与翠亨历史文化丛书"，有着特殊的纪念意义。今后我们将陆续推出该系列丛书的其他相关资料、文献、图集和著作。

我们不否认我们的进步。但是，我们深知，目前本馆的业务能力和研究水平依然有限。我们希望通过"孙中山与翠亨历史文化丛书"的推出，得到专家、学者以及广大读者的批评和指导，以促进和提高我们的研究水平，进而推动和促进我们其他工作的同步发展。

我们将向着更高的目标不断向前迈进。

孙中山故居纪念馆

中山市孙中山研究所

2006 年 9 月 15 日

李仙根（1893～1943 年）

1924年11月10日，孙中山与李仙根等在广州陆海军大元帅府合影。坐者：孙中山，后排左起：马国强、何协光、李仙根、马湘、李纪堂、李朗如。

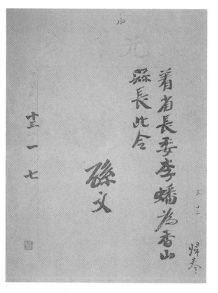

1923年9月5日，孙中山任命李仙根为大元帅行营秘书的大元帅令。

1924年1月7日，孙中山着广东省长委任李仙根为香山县长的大元帅令。

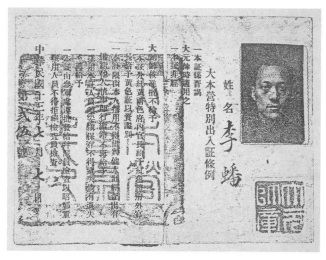

1924年7月7日，大本营参军处发给李仙根的晋谒大元帅孙中山的特别出入证。

孙中山赠李仙根"知难行易"题词

孙中山、陈少白、杨鹤龄、尤列赠李仙根的题词

大道之行也天下為公　孫文

孙中山题赠李仙根的题词

1936 年 3 月 17 日，李仙根在广州。

李仙根伏案工作。

　　李仙根（左二）与唐绍仪（左四）、孙科（左三）、吴铁城（右一）、李禄超（左一）、梁寒操（右二）等合影。

李仙根与各界人士在中山县政府前合影

李仙根与岭南画派创始人高剑父合影

李仙根与友人合影

李仙根一家。左起：妻孙佩莪、长女李玮、幼子李国泰、李仙根、长子李明泰、幼女李宝珠。

1942年7月，李仙根从重庆到广西柳州与从香港前来的家人相聚时，书赠给女儿李玮的扇面。

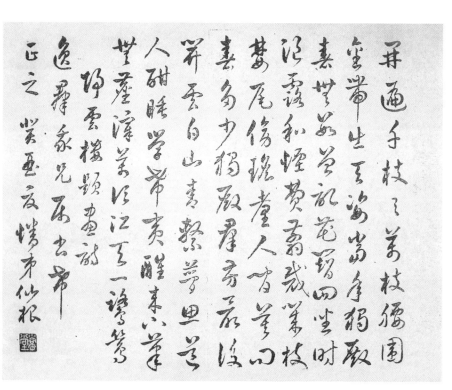

1933年夏，李仙根书赠逸群的归云楼题画诗。

先之博愛陳之德義

強不暴寡知不詐愚

西狭頌文不脱本似従有形迕平

赤軾是古家正書 戊寅六月李僊根

李仙根集西狭颂字联墨迹

中山李蟠印
（冯康侯篆）

中山李蟠字仙根之印
（冯康侯篆）

三十六岁游世界一周
（冯康侯篆）

李蟠
（邓尔雅篆）

仙根
（邓尔雅篆）

中山李蟠字仙根印
（冯康侯篆）

仙根游记
（陈融篆）

仙根辛己入蜀后作
（黄文宽篆）

百年草草都如此
（黄文宽篆）

小容安堂
（仲昂篆）

十年磨剑五陵结客
（冯康侯篆）

戊辰西游所得
（陈融篆）

李仙根曾用印选

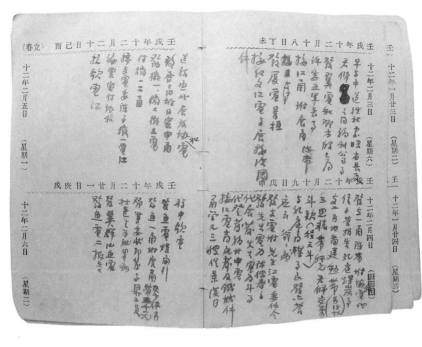
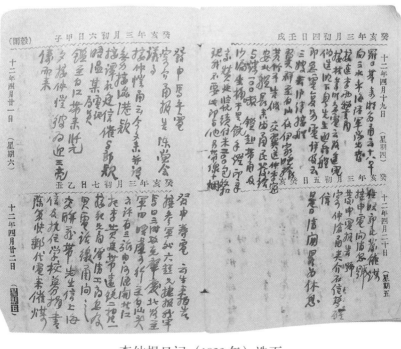

李仙根日记（1923年）选页

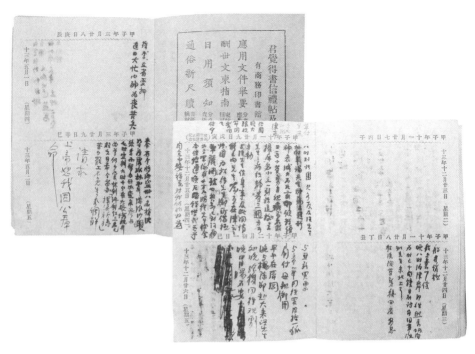

李仙根日记（1924 年）选页

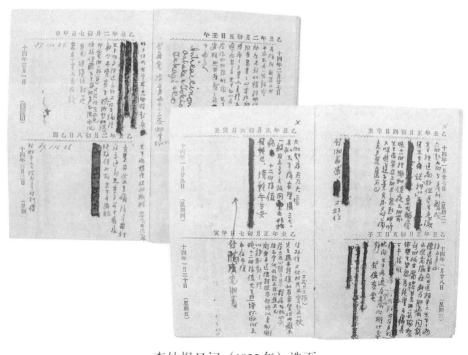

李仙根日记（1925 年）选页

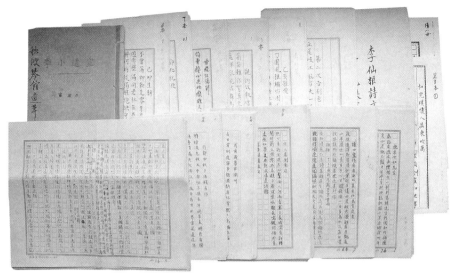

李仙根诗集原稿

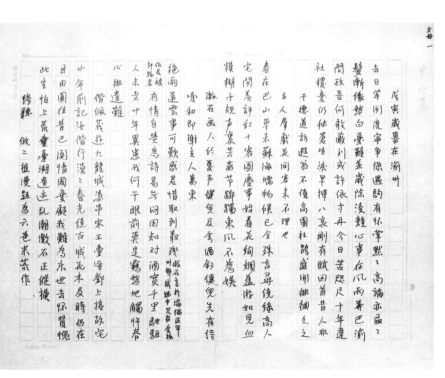

《小容安堂诗抄》选页

今無字阿字番禺蕭氏子聰敏絕倫皆此

披緇叄禮峰天然和尚年十七於六祖明大座因緣

闻藉叄大寂宗旨

棲賢院務備諸善行施

奉師命隻身行之去瀟陽謁師於千山剩人和

尚啗與如役分座演幢有光宣畫集此

慎叩記北行之作你一往於字晝行徊見之

李仙根《岭南书风》手稿

编 辑 说 明

一、李仙根（1893～1943年），名蟠，广东中山人。1914年负笈日本。1917年回国与孙少卿（佩莪）结婚，婚后育有李明泰、李玮、李宝珠、李国泰四名子女。此后追随孙中山先生，在省港从事革命活动，长期负责机要联络工作。孙中山1923年亲临东江讨陈前线督战及1924年督师北伐于韶关，李仙根均相随左右、承乏机要，因其精于摄影，许多孙中山战地活动的珍贵传世照片均出其手。1924年底，李仙根应孙中山急电北上，并于12月31日随孙中山入京，侍疾其终。孙中山逝世后，李仙根参加治丧委员会，兼负秘书、总务两组实际工作。李仙根曾两任香山县（中山县）县长、国民政府机要秘书、粤汉铁路局局长、西南政务委员会委员等。抗战开始后，李仙根被任命为国民参政会参政员，为共赴国难，只身前往重庆，对当局消极抗日有所抨击。李仙根一生忠诚于孙中山先生的革命理想。1943年6月15日在重庆逝世，董必武、邓颖超等出席追悼大会。

李仙根生于书香世家，曾祖李遐龄，为岭南名士；父李达庐，为光绪年间举人，在乡教书。李仙根家学渊源，好集书画古物，家传秋波琴，为广东四大名琴之一；工书法，擅行、隶两体，撰有《岭南书风》评述广东历代书法名家；又能诗，汇集有《秋波琴馆遗草》、《小容安堂诗抄》等，均未刊行。

二、本书收录的《李仙根日记》（1923～1925年）及《李仙根诗集》原稿均由李仙根家属提供。李仙根长女婿王业晋先生不但把多年珍藏的李仙根文献无偿交本馆整理编辑，并担任本书主编，为本书的整理和出版付出大量心血。李仙根三女李宝珠女士、四子李国泰先生亦给予大力支持，李宝珠女士并远自美国寄来父亲的照片及手迹，供本书出版使用。

三、"李仙根日记"部分，包括1923、1924、1925三年，用钢笔写于 64 开日记簿上，字迹细小、潦草，涂、改之处甚多。整理时全部原文照录，保存原貌。日记原稿并无标点，整理者酌加新式标点。作者原已删掉的文字用"……"表示，其中能辨认出的则用斜体表示；因过于潦草而暂时无法辨认的文字用"□□"表示，个别明显的错别字，用〔　〕在后改正。

四、"李仙根诗集"部分，主要根据李仙根夫人孙佩莪辑录、整理的李仙根遗诗抄稿及若干报纸剪报整理。整理时根据原稿分类编为《小容安堂诗抄》九卷、《秋波琴馆遗草》一卷、《补遗》一卷，及《岭南书风》一卷，所有文字照抄稿原文照录，若干明显的错别字等问题，在注释中说明。

五、本书整理初稿曾交中山大学历史系邱捷教授及中山大学古文献研究所陈永正研究员审阅，他们的宝贵意见对提高整理、出版质量大有助益。

六、对本书整理、出版过程中所有曾给予支持和帮助的人士表示衷心的感谢。

七、限于整理者水平，"日记"、"诗集"中讹误不妥之处定然存在，敬祈读者指正。

目　　录

李仙根日记

1923 年 *

一　月

1月1日（星期一）南京政府成立纪念

与佩妹①、珠儿② 往古宅贺正。

后往东园餐会。

公家给我百元，秉借来卅元。

少棠去月尾借我毛五百元，伸江四百元。

滇桂联军合四师，沈军下梧州讨陈。

供会及各用百元。

1月2日（星期二）

情势紧张。

1月3日（星期三）

晤□德恒（超北）于卢锡卿寓。

晤李毅强生。

1月4日（星期四）

⊙天寒而晴好。

母函问珠儿病。

---

* 本年日记记于商务印书馆编译印行的《中华民国十二年袖珍日记（甲种）》（中华民国十一年八月初版）上，日记本绿色布面，长 11.3 厘米，宽 7.6 厘米，笔迹以钢笔字为主，共记录日记 245 天。

① 佩妹，指仙根夫人孙佩莪（1897～1984 年），又名孙少卿，中山沙边人，1917 年与李仙根结婚，婚后育有李明泰、李玮、李宝珠、李国泰四名子女。

② 珠儿，指李仙根长子李明泰（小名掌珠）。

以火腿腊甲送陈受田，谢其治愈珠儿肘伤。

1月5日（星期五）

天晴，气寒。

与少棠商虎门之件。

向古翁支邓三伯二百元，月生手，买华商□所彩票十元，广东银行周堃年手。

购与佩妹羊毛衫一件，六元八角。自用领巾一条，二元七角。

闻香山有事。

今午与少棠、月生言，小有失。

晤魏丽堂于茂利。

湘翁付中函，申明用款之的，噬者多矣。

1月6日（星期六）

天晴，略暖。

传肇已独立，一师全加入。

《大光报》载主座撤古委邹新闻。造谣者邹。人心险恶，可发一叹。

演明代公家筹二千元（益记）。

陆耀文赴高州与黄君行，饯之。树仁受（2）委筹饷员。

与少卿妹① 往视古夫人疾。

权身量重一百零一磅。

少卿重一百零七磅。

1月15日（星期一）

发删电。益之到清远，两旅一留梧。沈到琶江，联军已渡河。梁到港云，魏欲以个人名维省治安。电止客军。

二嫂避来同居。

1月16日（星期二）

陈昨夕六时走（循东山退石龙）。

---

① 少卿妹，即李仙根夫人孙佩茇，又名孙少卿。

各要人大会议，协公通请演等均上省。

工团店户有燃爆者。吾曰，不必以兹乃痛心事也。

1月17日（星期三）

报载省军司令部多至六十余处，邹某自称总司令，据省署。

一时秩序大乱，幸尚无抢掠发生。

政系纷纷上省，海丰系纷纷下港。

各党人亦纷纷赴省，船去者满舱焉。

1月18日（星期四）

接演函云，李易标据省自雄。*留五羊城犹存忧。*

虑发各电。

晚接急电，知省局系政系阴谋，去黎拥曹护张阁，故沈令李特殊行动。

魏组军警联合处，维治安。令兆鉴上省，带款交星羽。款系少棠借，由雷公单支取双毫二千元。

供会用叁十元，付母用十元。

1月19日（星期五）

续接报告，风声日急，为星去许电。

付演函并函二兄取家具。展今日上省，或能镇抚一切欤。

1月20日（星期六）

喧宾夺主，可谓吾省痛也。

夜与陈子荣观画剧。

1月21日（星期日）

邓宅请宴，与九妹同去。至九时始返。

送邓母物三元。

1月22日（星期一）

托湘翁为羊子山事。

接演电，知得枪七百，人四营，退管、速射各一，机枪六。

付少棠函，嘱刻小印。

1月23日（星期二）

登同翼群同返，与湘翁等往接船。

1月24日（星期三）

展接任，然杀机四伏，可为寒心。

邹为己谋，以至弄出阋墙，而外侮入，可胜痛憾。

1月25日（星期四）

风气日益险恶，念之怃然。

1月26日（星期五）

洪逆又派人来求成，耻哉。

协和云，后日赴汕收各部。

1月27日（星期六）

早接演急电及罗电云，滇桂同谋江防会议。魏被留，勒缴三师械。

展等避去沙面，三井即电先生行，即得电复，止行云云。

为珠女种痘。

1月28日（星期日）

省友纷回，情势险恶。侦得密信云，滇、桂、陈、梁合作成，促岑返。可知政系阴谋，民党上当。

接家信，知母病，咳甚深。国事驰驱未得返侍，奈何！奈何！

1月31日（星期三）

湘、纪、程远赴江门。

二 月

2月1日（星期四）

交朱三嫂部托大兄。

电江门，录军长及先队行期。

接湘翁函云，安抵江门，住东北局。

翼下船，发报告许军电。

接江门电，刘放道与王业兴事，即转展。

为展发上海电。

2月2日（星期五）

接冬一、冬二电，即转上海及西岩。

发急电为周道万事。

付一函（二）。

晤中孚，道万。

赴大东晤星羽。

发汕协电。

少侠带江函一，另一千元。

2月3日（星期六）

早与中道往杜处，晤省长及君佩，商福利公司事。

发翼电知邓本殷已为许委五军长事。

接江函，接江函，附展函，陈带。

发厦电，景桓。

接纪文江电，与展接洽周件。

2月4日（星期日）

发支一函，陈带，附协和电四信，子荣报告礼庭煤炭事。

支二，另地图，建勋带（另一千五百元）。

三，思辕带五千元。君佩交来斗款（程天斗）。

与礼庭商煤事，民发亦答应云。爷爷病。

发支电，附先生江电，委任令。

发先生电，为陈德春事。

代展发先生电，为斗事。

代登发福州申电。

接江电，商民发及铁城件。

函学兄三嫂，促景汉回。

2月5日（星期一）

送毅丞一份，代展致协和电。

致展函，附日密申函。

发微一、微二、微三电。

附微一二函。

接支电，委陈事。微一电江编，云密付协和。

接歌电江。

2月6日（星期二）

转申歌电。

发鱼电，煤开行。

发鱼一函，附展函，交少侠另带三千元。

邓某委状即发，交梁子贞。

杜医生为视胃病。

发翼群汕鱼电。

发鱼电，二报告。

2月10日（星期六）

汪先生黯然赴沪。在港同志有忧其短见者？

为发二电至沪。

孙先生驻省农场。①

2月13日（星期二）

汪先生安抵上海。

---

①　此时孙中山仍在上海，此条或是当时的讨论，拟定孙中山回粤后驻省农林试验场。

往接任被拒。（羊子厂）

2月17日（星期六）

孙先生自申返港。

英人大欢迎。

三　月

3月7日（星期三）

省电局以李南溟接任。

相率罢工，有人谓陈使之也。

3月8日（星期四）

接□□事，但旧任不允交印。托春堂、仕学劝之。

湘翁入江门。

佩妹病请砚铭医之。

付沧白电。

3月9日（星期五）

接申四电，即寄禄超正张。托古夫人带。

再接卢锡卿电、林焕廷电。再函禄超。

付李嘉生公函。

再接沪庚佳长电，福州厦门转电，又与SS电，共四件。托古夫人带哲生转，并附报告。

接元首寄湘、纪两函。

遇思辕即以此告知。

3月10日（星期六）

接许电即交联义。

又上海电二，即交联义。

内禄超、泽如信。

3 月 11 日（星期日）

接禄超三函，代发三电至沪。

接沪电二，正张交联义，附张寄邮。与六［禄］超第一信。

付湘翁、纪文函交少棠带，内附各件。

翼群回港。

3 月 12 日（星期一）

交翼群兄带一函，♯2 代。

3 月 13 日（星期二）

代李宅报兰生丧电。

发禄超③函附三电。

发金湘帆函，附汪电。

早往送李体乾之丧，晤文史、湘臣及景云。

接各件，今日算妥各事矣。接湘翁函。

再发禄超（4）丁一、二，戊二电，另发副张。交联义，又副张。

接汪先生信并诗。

3 月 15 日（星期四）

付禄超（5）函，附 A1，B1、2 两件。

3 月 16 日（星期五）

付禄超第 6 函，内电一件。

付汪先生诗简。

接孝先函，即复之。

再交秉刚付孙禄超信 no.17 和结束。

3 月 17 日（星期六）

搬家。饯黄君行。交纪文兄与禄超 7 函，夹电一。又交厦门电一。

3 月 18 日（星期日）

交湘翁带 8 函，内夹上海电三件，又改电一件。

3月19日（星期一）

呈荐李际春为会计检查员。

交李际春带盛公事及罗翼群兄信，内厦电一通呈先生。

寄树人一函，内有诗简。

晤丙炎，留函并小荣信。

统交芷全带翼转翁。

陈德春被一师及周部缴械。

3月20日（星期二）

付禄超9函，夹恺密一纸。

接秘书处三密电，即发沪上，用英文密。

交联义带10厦门电一件，复秘书处一信。

3月21日（星期三）

廿三交联义，带厦电一件，后交次高。

又交翼群1、哲生1、先生一♯12。

闻江门复纠纷，张家桢等揽权夺利。

3月25日（星期日）

湘翁入江门。

付江门药品。

接翼函，内介汝电。省谣言甚炽，陈、沈合谋乱，甚急，思拟令杨、熊占惠阳许。烟致熊函为翼所得。

3月26日（星期一）

代翼发有电厦门。

代先生发廿二电泉州。

又发廿四，厦转永定，代先生。

接树人函、梓荣函，言江门近事。

发湘翁函。

3月27日（星期二）

接船，仲介未返。

秘书处来电，即发泉州。

接陈策信，付湘信、秘书处信及少侠函。

学兄来电话约谈。

交联义带仲公函。

杨、沈表示对北任命决不就，恐是空言。

接纪电，即复之。

3月28日（星期三）

廖来住。

付翼信。

3月29日（星期四）

湘翁自江门回。魏丽堂因觊明被朱占防事，大冲突。湘翁乃大发去志。纪文又回省。

得薪二十日，旧任去十日，共一百零六元。前借粦支，今日交回。

3月31日（星期六）

得十。

四　月

4月2日（星期一）

接仲恺先生船，彼方自神户至。

交景瑗英文密一张，译用。

与邓择生访仲恺，谈数句钟。一党的前途，国的建设，人才的养成，国防计划，先生所著编目。

4月3日（星期二）

交任潮许军长电二、翼一，呈元首。又交翼群各电底。接许电，知已到大埔。择、任、景、何、冯均先后来劝湘翁回。

大元帅令古〇〇特派江门大本营办事处全权主任，调节水陆各军。

交民发万元，收条交梓荣带江门与秉刚。

见叶誉虎。

托何彤交先生函与魏。

4月4日（星期三）

为翼发江电。为伯陶事与翼支电。

为先生发江电。

付纪兄信。

交梁世昭五千元。

4月5日（星期四）

为三嫂发沪电问亚始。

为翼发支电，登□□。

付秉江、秘书处、厦门函。

交雷公三千元，还益记借款，交公续三千元，徐淑手。

谭礼庭请古、魏和酒于乐陶陶。

卢毅安看相。

4月6日（星期五）

发陈筹石鱼电，接煤事。

接沪微电。

何乐琴请晚餐于协之处。

饬黄霖上省取物。

4月7日（星期六）

交秘书处许电。托联义捐与邓伟棠学校五元，捐与伦甫二元。

捐与关□□五元。

陆英光请晚膳于肥哥处。

闻潮汕已开火。

4月8日（星期日）国会开幕纪念

为翼发鱼电泉州。

为达发一师电江门。

湘翁入江门。

接江门虞电，云高州有事。

4月9日（星期一）

接秘书处（一）、（二）两电，即代发。

廖公回港，闻与先生计划有出入，故欲离去。

为廖交亚彩带先生两函。

接纪文信嘱结收入数。

付湘翁江门函。

付纪文函，为纪存一千零七十二元，于华商银行。

为廖发沪、泉两电。

4月10日（星期二）

接景瑗函，知汝公庚可到汕，协和退出潮安，到集丰；知九日许亲到。即电江门、省城。

接纪兄函及沧白来介石电，即译交哲夫带省。付纪兄函报告一切。付纪兄来函江门。

闻沈欲图江门，并电湘翁戒备。还仕学二千五百元。

省寄到傢私。

发李嘉生及司理英文函，商矿厂事。

肥哥请食于陆羽茶室。

接上海佳电，璧君、焕廷电贺各一。

4月11日（星期三）

为廖发上海真电。

发江门湘翁真电。汕不通函，去接六［禄］超九、十日函，夹三电，即发去费一百二十元，复六［禄］超一函。

寄电稿汕头许总座。

4月12日（星期四）

六超来二电，即发泉州，并付函世标交。

接翼群函。

接冰如来廖电。

付湘翁函夹汪函。

付西药五箱、二桶，一贯交大利运江，任潮、秉刚收。

交曾秋佺付白布十尺并各数目单据。

电江门收煤、收药。

4月13日（星期五）

接湘翁文电，以廖欲行而发牢骚，并云省廖电、梁电。又接函嘱买沙漏、坐桶。纪文回知先生函，慰廖甚要。

为廖发沪电，促介石行，末云江门劳军归后，不见则遁世绝交，不问世事等语。

廖与纪文两夫人等赴江门劳军，带一万二千元。

翼赴汕迎许，交各电底带去。

4月14日（星期六）

发策复电，为雷公发电秉刚。

接湘翁文电，嘱买电机十驾，并电信材料。

4月15日（星期日）

复电江门，问是否军用机。

4月16日（星期一）

得省讯，知十五晚沈发难猛攻农场。滇军御之击败，敌退龙眼洞，白云、观音山之敌已退清。

接六超电、汪电、先生电，即送映波。

4月17日（星期二）

接江门函，仲公带回。

购什物付江。

与李某商买米事。

雷公借纪文千元。

民发云，有煤千吨，分五船先后赴澳。

交湘翁、仲恺函，吴泽理带汝公。

仲与杨映波去省。

发江门、省城电。接汪先生电。

付江门电话机四个，另物件交大利。

4 月 18 日（星期三）

早往接介石船，约联义数友同行，六时半到。

接江门函。

付安利米二百包。六十六元算，李某手，我退佣金。

交梁景云军长带函湘翁，并打字机、西洋纸。

接省电云石井敌被我军包围。敌派人议和，三水敌亦击退之。

接翼寒电，田司令因海军一部有异动即杀，威迫祺转先生。

景瑗及许公□至自汕，云汝公已到潮，今日赴汕头。

景、礼、介等上省，联义一友同行。电报去不能通。

4 月 19 日（星期四）

罗 B 带来湘翁函，云十八早向三水，率海陆军队出发。

接连、李两秘书函。

接林业明急电，云路透电伪造，沈下粤，先生避兵舰。

即急电复，另电详及云。

三嫂云去沪，请接船。

翼群至自汕，在伊家晚餐。

黄竹平告假。交翼送仲季密。

安北舰长来，为函民发给与煤一〇〇吨。鉴赴带函，及沙漏、坐桶、千里镜、手灯、印章。

交赞廷二千八百元。续付米二〇〇包。九九扣。

现我不要此，即与他，另带线十捆。

4 月 20 日（星期五）

往晤郭民发催煤。

接申电，问消息号。

发申电，报告号。

寄仲沧函，夹介石信、梦醒信。

是日清闲，略为休息。

4 月 21 日（星期六）

发申、马、午电。

寄介函报告陈党会议事。

接仲恺函云今夕来，并谓无力接济港款。

晤温某电话局员。

接谭礼廷信，催与郭款。

鉴至自江，带来二千元。

夕接仲恺，彼为迎王亮俦而来。

4 月 22 日（星期日）

发申券电，云生来拍报告。

接参军处六[禄]超兄捷报，我军马日三时攻克肇庆，北路至军田。

晤卢可行至自汕头，云许有三旅由河源开北江。

托李黄廷带远镜二、相片一。

接纪兄函，嘱清工商息及买电话线，函问之。

交联义带先生信、上海信及执信学校募捐书。

陈策快邮，代电来催煤。

4 月 23 日（星期一）

付李济章一信，嘱工商转单事。

发大光报信，梁景云更正事。

发申电。

4 月 24 日（星期二）

接纪文兄函，又委任少校参谋一件。

付李思辕函，并为柏翁致许老总电稿，维持其第五路军队事。

连接参军处捷报。

接李嘉生函三件，圆猾异常。

交郭云生带湘翁函。

接五弟函，知翼群邀二兄为军医监，演明为交通监。

4月25日（星期三）

发函工商转单，并纳息一百一十六元二毫。

接捷报。秉光函。

许汝公已于廿三抵汕，寄来电福州一电，即代发，二十五元。

交梁纪民电话五个，电手灯四支，另电心半打。

付许军长信。

4月26日（星期四）

得电知肇庆周部大挫，肇庆复失。

北路则敌从银盏坳用机关车载械沿路袭来，联军几失败。

三水有来言者，目睹死伤盈野。

寄六〔禄〕超函，内言陈党暗杀事。交黄建勋带信。代演明出席中华公司董事会。

4月27日（星期五）

纪文至自省，云北路廿四最险，后联军奋勇将敌击向源潭，遁肇庆，廿五午，为我第一师再攻克之。

接申电，云孙夫人返，又问消息，云季展公焦急甚，即复一电。

纪即晚返江门。

肥哥请姜酒于家。

发承商李嘉生函，详论粤事，并及维持矿务事。

4月28日（星期六）

往晤民发，佢得江门电云，有万元先汇来。

发俭电上海。

今张资平查案，呈省长。为承商保证金，反对无息用。

接财厅函，照办由。

发申电，报告江门捷电，我一师得清远击散沈荣光队数千。

接矿务处函，饬承商应缴矿区税、矿税，电交潘照办。

接许军长电，补发沪电。

4 月 29 日（星期日）

发许军长电，发沪电，闻清远昨日再陷。

4 月 30 日（星期一）

得薪三百元。

发沪电，另为大本营发沪电。

晤王庄持。

接沪电，即转禄超。

五 月

5 月 1 日（星期二）

发沪东电，报告石龙无事及得清远事、汕近况。接仲恺先生信。

付仲恺函，攻讦币厂、农场，报告东江事，语多愤激。发后悔之。

寄汝公一信及秘书处电。

买小说五元。

精神不佳，语言多误。

二兄已接卫生监，五弟助之。

5 月 2 日（星期三）

接沪冬电云，展公与志澄赴汕，嘱电许电阻，函之。智行带返江门来银五千零六元。即复之。

早寄单据入江门。

买无谓物十元。

5 月 3 日（星期四）

省政局又变迁。

闻清远再克，军田、银盏坳相继攻破，敌向英德、源潭退。

为马应彪邑长事函六〔禄〕超。

寄各信与江门付湘翁。

寄思辕信夹景桓战情。

为珠女及佩妹做玻璃股，各一百元。买书五元，英文。

少棠回，相与餐于乐陶陶。

接焘朋信。

与珠儿、九妹上中环午餐。

5月4日（星期五）

寄二兄、演明、思辕信，荐焘朋、黄竹平。付纪文函，云冯嚼然职事。

郭云生来，云我已克英德城。即函汕、江各报。

黄蘅秋来谭。

函展堂兄汕头。

秉刚交来各友日薪，并支予少校俸半月，五十二元。

夕为联义主稿月刊，并作三短评：一、沈亡；二、先生的德望；三、联义社。

并为联义草颂词二章。

5月5日（星期六）

总统就职纪念。

接协之函，为曹伯陶事。

接五弟函。

午往谈相，甚以为谬也，呵之。

晚与九妹观画剧。

接申电，云胡夫人亚洲返。

5月6日（星期日）

付焕庭信，嘱买书、药。

付翼群函，夹致湘翁函。

午往肥哥处。

接秉光、纪文函。

往郭民发处。

复秉纲一函，表明军用器话事。

接沪电，询潮汕事。

5月7日（星期一）

复沪电（虞）。

接淑子船，与珠儿携行。

遇李思辕。

付李禄超信，商组公司事，并付报告。

付汕头信，附协之致展信，为伯陶事。

往访吴泽理，问汕事。

5月8日（星期二）

接江门电，委任江门大本营办事处秘书长。

复电江门，明日去。

仲恺允就任省长。

誉虎财长兼二。

徐内政，邓运使，谭祖庵建设，伍、杨等次之。

电沪告以委任大吏事。

5月9日（星期三）日本要求二十一条

接禄超函。

午给粦甫五百元，为办公司事。

买零星杂物十五元。

又帆布床十六元。

又船票七元。

搭大利赴江门。

撤黄竹平，用李际春。

5月10日（星期四）

六时到北街，即乘车赴处。

发……

诸事稍摒挡。

探报李耀汉攻陷开平，来窥四邑，留兵单独，警告纷来，谣言四起。纪文亦故作镇静，纷电求援。江门一时人心未安，然非静镇求之，恐即偾事。养气之学，不可不□也。

5 月 11 日（星期五）
付（2）函，夹委任状寄铁生。

接一函，夹展信六日。

分电请援。

李海云部李桂叛，杨锦龙部被挫，邓部退公益。

发六［禄］超电。

到江门墟，马玉山支店有三四乡人在，言谈甚洽。

大本营因筹军食，不得已劝商捐饷，公投赌饷，饮鸩止渴，见之心切痛焉。……

5 月 12 日（星期六）
接（2）、（3）函，夹六［禄］超、展堂两函，又？潘一函。

付（3）信，复……

付展函，汕头，六［禄］超信。

古主任电饬杨锦堂、周之贞部由新兴来援。

付焘朋信，促来助。

拟改办事细则。

办公难于持正，作事难全始终，亲试益信。

闻江防、煤事颇多黑幕，听之可胜愤慨。

5 月 13 日（星期日）
付二兄一信。汝锐一信。

接……来电，催回港。

纪兄、秉刚同往江门酒店晚餐，菜亦不劣。

周部五营由萧组带回江门防守，即发会城。

付陈策一信。

嘱志行往岭南取枪。

接晤江防舒副官，出言非逊，愤恨之极。即函陈策，告以未能催民发付煤，一泄吾愤。

5月14日（星期一）

午搭弹厂小轮出北街，附大利返港。

……

李赞廷在船招待，颇不寂。

午请梁翰明、梁拔舟等在船午餐，费五元。北街亦无可游，但山水极秀，沿海风光颇娱心目，偶观落日，亦足怡情已。

晚十二时许到港，乘汽车返寓。

5月15日（星期二）

赴中环午膳，并购各物。

五时许，复搭一大利返江门。

寄展一信。

去协之先生家，知佢因仲公拟任政务□长上省去。

我军克陈党，熊杨两部于博罗城直迫惠州。

5月16日（星期三）

六时到北街。七时许，与李黄廷到江门，付A信。

纪文十时去三水，留我代行。

午后周之贞部大退却，闻未交绥而自溃。即分电请援。江埠人心惶惶，不可终日，筹付各事，至夕不休，苦矣。

幸朱部邓鼎封至自石岐，即加入作战，此部约千人。

接湘翁电，不准各部退一步，并云带兵回靖乱。

5月17日（星期四）

久候而三水之兵不至，纪文亦未回，异常焦虑。及午，各方无事。复得杨旅捷电。三埠肃清，四境安堵。惟探报敌在大王市现，渡河造饭。邓君毅偕朱部赴汾水岗。纪文深夜归。

周部完全退新会，拉夫发生，商户闭门，下午始定。发令二通。

接潘信，即复之。寄B信。

5月18日（星期五）

早接湘翁电，肇城今早炸破，毙敌无算。

即分电各军、港报及……付……C信又电底。午纪文与君毅偕赴汾水进剿，向牛湾方面前进。阿林自港来，随接……

又接邮缄，二兄函。

纪兄云任潮拟委黄江税厂，辞之，坚持不就。此厂谓为肥缺也。

5月19日（星期六）

得各电，知黄江厂已决委我。函佩妹D，电湘翁。并电云振中。

纪文兄出发前方，乘龙骧舰以炮击贼，毙匪无算。独朱部不听号令，畏葸不前。纪文盛怒。

晚七时，胡章民来言，白沙附近炮声疑系敌来，即发紧急命令，令陆战队出发杜阮增防，并函周部戒备。

后据探报实无其事。

处理诸事，直至夜深。

5月20日（星期日）

得云振中电复黄江之事。

发号电……。另思辕、君行等电，让黄江事。与思远辕、梁旅等回江。杨团出发。

5月21日（星期一）

三水行营各部返江。

决定各部任务，分头出发。

中午搭大利返港。十二时抵家。

为煤炭事甚忿然。

民发来煤三船，即与缉私舰用。

兵站总监部亦有米煤运前方。

5月22日（星期二）

湘翁在港养病，晤谈各节。翁亦黯然不欢。晤燊甫、雷公，知彼等生意问题，颇有自主之意。为之愤慨。

发上海电。

与珠儿外出竟日，意以为一乐也。

欲访展翁，行而复止。

5月23日（星期三）

诸事扰我，神气愀然。

闻汝为之八旅及李三军部在梅县南口为林虎所挫。

博罗幸得手。

熊与杨同合谋我。前日曾与熊三千，函来拊义，而竟背信寒盟，人心至此，夫复何言。

即夕夜轮往省。

5月24日（星期四）

欲往亚洲寻翰屏，适遇林达生，乃税住邻房。翼群夫妇亦居四楼。肥哥请晚餐。

走访二兄、翼、演，复入省署谒仲翁，具道来意及少垣事。

仲并云，嘱我往港、江速捯挡各节，迅来省为助。更许我田土局事。

夕与翼往仲翁新居。

5月25日（星期五）

早，孝先与五弟来谈。五弟以水土佳，气色极好。独二兄忙甚，且财短，每事困难，瑞浦又不可靠，为之有感。

少棠、志强请我南园午餐。

午往大本营，先生外出，只晤介石、六[禄]超、沧白。

又往沙面台湾银行商借款事，不成功。乃去华商属以往港商总行。据报北兵到南雄，东路又非佳，客军有意气。帅府人呢现象太恶，为之心寒意冷不已也。

即夕返港，与志澄偕。

5月26日（星期六）

得邓世标云，汕头各机关已搬迁，总司令往潮督战，廿三夕深夜回汕即退出，预料林虎廿四可到汕等语。华字报传单亦此说。

我以为许以退为进耳，何以先迁各部，后始退汕也。

5 月 27 日（星期日）

母亲来港小住，与大侄偕。

即夕偕纪文、思辕兄随湘翁往省。

5 月 28 日（星期一）

七时到步。即往仲公家。适先生以避海军捣乱莅止，遂得晋见。介石来云当可了委。及十二时，即偕两副官回府。付不列号信交亚八。

晚协公请餐太平新馆。

东关又发生军队冲突事，瞬即无恙。

省城热闹似逊昔时，然赌馆烟场，触目皆是，诚痛心之事也。

发二兄交来会银一单。

5 月 29 日（星期二）

老早同古翁、思辕、秉刚乘专车，十时抵三水，随乘小轮赴肇庆，经河口、广利入水峡，至五时乃到。沿途浏览风景，极娱心目。大本营借端州馆地，面山濒海，风景绝佳。入夜疏星点点，塔影波光，景色至为佳绝。所食军米虽稍粗，然肥甘，甚可口也。

大本营办事处尚无秩序，须待布置，即发艳电。*并付 A 函*。

5 月 30 日（星期三）

早发 A 信。

草拟函电二通。

暇游市街，荒凉一片。

随主任往晤卓、陈两旅长。归途大雨，古翁失足落水，几至灭顶。为吴副官、李副官下水救援。

拟复安舜卿团。

5 月 31 日（星期四）

早拟致大元帅电，为陈策兄所部占领税厂事。朱云度陈司令素不妄行，当必能得帅座一言而决也等语。发 B 信。

午同主任、各师长、旅长往视战地。东城爆裂六丈许，附城各房屋全被张、黄两逆烧毁，一片瓦砾，几无完土。伤心惨目，为之泪下。难民三五，鹄形菜色，萧条之状，心寒胆战。天心未厌兵。

约游星岩未果，连日大雨，恐雨潦又下矣。

游龟顶龙顶岗，险要至极。

游包孝肃庙，至善后处，即旧肇府，包公曾守是邦，古迹尚存处。后有飞云楼，弹痕斑然，俯瞰全郡，闻敌即以此为高视也。有天主堂，黄震邦即被获在此云。

拟致元帅电，痛数民军丑态。又拟奖励民团电、告广西人民布告。闻惠城已下，石龙又有事。元帅督师石龙。

六　月

6月1日（星期五）

早拟致肇……电。朱云端州名郡，孝肃遗风，云楼不遥，星岩在望，诸公当油然有归思矣。又报告末云，七星拱曜，好销兵器之光；百雉崭然，快睹昌明之治。中段劝归善后各意。

思辕回省。一师出发援惠。致信各处肇人筹办急赈。胃隐隐作痛，幸此间鲥鱼极佳，可少进饭。

发C信。

6月2日（星期六）

发d信。遥望江中有……

仁机发火，为江防拖带商船事。合则成，分则败，甚为策等危也。

纪文兄来肇。

此间截回柴船数十艘。

德庆郑师报告，西北残敌会合，欲反攻德庆。即转告省。

新兴李耀汉残敌退出天堂，防其出罗定，与高州会合。但梁景云来言，振楷旅欲缴敌枪。

6月3日（星期日）

接*佩妹*一信云，欲寄各物不果。

去德庆不果于行，连日苦雨，星岩只遥望而未能即。西江筹设护商队。

发 e 信。

克复惠州。

新会文楼、霞露两乡械斗，邓刚率队弹压无效。

展公代行大元帅事。

行李单简，每晚觉寒。

……

6月4日（星期一）

接*佩妹*两电云，君子不立危墙，请速离肇等语。

北江吃紧，沈与北军来袭。陈团奉帅令出发。卓旅继赴马坝。闻陈团一到即胜之，得转危为安。

梧州兵李杞云、沈荣光、何才杰、陆云高复来袭都城，郑师御之。

晚接各电，俱属危急，但博罗已克，惠属尚有进步。

增城复危，调杨旅援之。

6月5日（星期二）

秉刚来，与游七星岩。洞内寥廓，乳石纵横，有角声、鼓声，景奇绝。洞口有李北海《端州石室记》，盖唐碑也，然蹄痕在中，闻宋拓无之。岩离城东约七里，沿途山水亦清绝，诚灵岩也。

省电告急，梁团又赴援都城，计一师已应四战，吾同学苦矣。古翁返自前方，复*佩妹*二电慰之。都城南岸，郑师退焉。务滋星夜开发赴援。招纪、邓、黄来江。

古翁兼任筹饷督办。

6月6日（星期三）

迁署于旧守府，府有孝肃遗迹，后进洋楼现为办公室，极亭阁之胜，盖林隐青所建也。

翁返省催军需。

晤金海防副官，与谈供煤事，并以吾素志告之，若能以国事为重，则善矣。人心不古，可奈何哉！

6月8日（星期五）

即搭大明返港，于端州馆舍候船。晤陈策，为婉劝合则利、败则伤事，彼此谈约四小时。

为港款清理事。

6月9日（星期六）

凌晨到港。……知古先生即夕亦上省。纪文、秉刚回江门。

黎元洪被迫逃津，直军拥曹，吴又袖手。

政系李麻子拟扰南。

6月16日（星期六）

即与佩妹挈掌珠到省寓二兄家。

早往廖家，晤古、汪先生。

6月17日（星期日）

过岭南一行。

往参观……制弹厂，视中流砥柱炮台。

6月18日（星期一）

即晚返港。

6月19日（星期二）

天气大热，身体不适。

汪先生来谈，即赴沪。

罗夫人病，翼群乃回港料理。

闻北路不佳。

闻林虎与陈绝，通电脱离。

6月21日（星期四）

与雷公同赴省，是日检什行装，煞费筹度矣。

6月22日（星期五）

六时抵省，即遇古翁，随即附车到三水，转渡□西，夜九时始行，西流湍急，风雨又至，行路之难可知也。

北路极得手，敌已向韶关退。

6月23日（星期六）

付 A 信。

6月24日（星期日）

三师忽退至禄步，人心惶然。病气大减，亦可加餐。

6月25日（星期一）

沿城出端州，旅馆、城市仍萧条如故也。

付 B 信。

李务滋兄负伤回肇，力行到处，诚可敬也。请主任给以半百元以慰之。

6月26日（星期二）

接十二弟信，索我寄诗。

付 C 信，并诗一首。

□□□诗简。

梁景云军长回，即上禄步作战。

轶裴、笃生先后回。温定凡亦来。幼刚、少侠去省。

6月27日（星期三）

我军向悦城进。

付 d 信。

与诸同学谈旧事，皆云从苦境以进佳境，则守成易。

忽有所感，自问停职或失败后，何以为生。……

黄建勋委出两江船舶检查所长，遂趾高气扬矣。

6月28日（星期四）

忽接*佩妹*书，满纸辛酸，不解其何以致此。书中有疑予者，更令吾莫知所措。自问立身之道，十年如一日，未尝妄行一步，亦未尝有言我德行不修者，天乎。……

气痛又发，即复一信，竟忘列号 e。

思辕来同住一室。

6月29日（星期五）

……

接秉纲信及公事。

6月30日（星期六）

发复建设部咨。

勉办公事，忍痛而已。

接秉纲信，云已收粦甫收条，并寄薪香港。又接帆布床一张。

此间拟辟公园，视察一周。

兵站来煤，为分配至公道。

天气大热，入夜尤甚。思潮起伏，但有枯坐。

西潦复涨，行旅苦之。

七　月

7月1日（星期日）

……

三师又退回禄步，士气大不振，魏来永翔舰，续未或可稍效欤。吴兴亦来商事。与湘翁谈助……我赴美国事，诚不愿以清洁之身置万恶之局。……续付……。帅令一师星夜开回援肇，风急雨燥。……

郭云生带来食物一单。

7月15日（星期日）

由港赴省，十一弟与偕。

7 月 16 日（星期一）

到古宅,知湘翁辞意甚坚,嘱我往肇料理结束, 但各事仍照旧进行。

杜贡石请餐于环乐园, 陆□刚赴高明任。

是晚宿二兄馆。

付 A 信。

7 月 17 日（星期二）

早与何昌良、谭葆濂乘六时半车, 九时到三水, 转乘永捷舰赴肇。

到后, 轶裴为我言各军唠叨之事, 即祝万亦颇致疑于古云, 可恶, 可恶。

7 月 18 日（星期三）

前方电话, 克复梧州, 李、邓逃, 冯、蒙降。

付 B 信, 古先生信。

7 月 19 日（星期四）

与何、谭往勘北岭、游星岩、出米洞, 西潦涨, 以小舟行尤有趣。

北岭带山多石, 植林恐未适宜, 土人云对海略佳。而小湘马家园更好云。

付 C 信并赠祝万七律一章。

傅若农来谭。

7 月 20 日（星期五）

何、谭返省, 接 A 函。

7 月 31 日（星期二）

即夕往省。

八　月

8 月 1 日（星期三）

到省, 即往日船见十姊。

交湘翁国银，仄则港银一万元。

少棠请饮于南园。

与二兄往张贤林处。

赴省署。

8月2日（星期四）

肥哥请食饭于其家，湘翁等在焉。

付 A 信。

办事处收束是非烦多。

见翼群兄，亦以煤事相问，有人谓煤价太高，言外似有疑我者，可胜愤慨！我何尝不私毫清楚，可质天日。

8月3日（星期五）

与少侠往肇。早车不及，以少侠迟迟故。

搭三车十时半，一时到三水，即驶威海轮，即夕八时抵步，与轶裴、铁军谈各事，嘱仍进行。兆侠李督办就职不交。

为主任草上先生电。

付 B。

何鉴涛自称秘书长，可笑！

8月4日（星期六）

候轮往梧，见思辕，请伊晚饭于肇。

六时搭新安货船。

沿途所见西潦大涨，墓舍淹没，情形可悯。

天气大热、舟行幸稳，移席船板，一枕翛然。

闻北江征收处均为滇军霸占。黄江亦为财厅迫交，四军又强要筹饷，向湘辞。如秦失其鹿，天下汹汹争逐逐之，吾粤前途未乐观也。

向新兵代主任致训词。

8月5日（星期日）

付 C 信。

舟行甚缓。至下午六时半始抵梧，初来，不知道水潦浸街，乃先埋大同酒店停歇。

舟次感风，伤风咳嗽不已，饬人带函徐参谋长，得明早饬人带见任潮。晚痛甚，念及……，兀不能寐。

8 月 6 日（星期一）

六时起床，咳尚未止，胃亦痛。天大雨兼风，气象萧瑟。服止痛药，痛少愈。

七时乘小艇到信孚筏一师部见任潮，他允俟景云来全回省，此行有结果矣。

饭后用瓜皮艇入内街访黄建勋，不见。往同园午餐，食纸包鸡、夜香田鸡汤，甚可口，一片水景兼以烟雨，别饶风趣。然田园淹浸，小民苦矣。

任云，建勋少不更事，魏甚怒之，已令驱逐出境云，可怜哉。

付纪文一信内及商洽事。

付 C 信慰吾*爱佩妹*。

8 月 7 日（星期二）

仅三时即闻枪声甚密，且近，举栈彷徨，登楼四望，街上满布一师兵。至七时许即停止。十一时许，往师部，知系三团与黄绍竑部合缴冯葆初械，数时间，已肃清，与江门陈德春事同。

同学请晚缮［膳］于三师司令部，负雀六元，而伯潜同桌，虚可行为主，幸不置花酒，我心乃安。……

8 月 8 日（星期三）

候船不来，高州亦不见，焦急至极。闻港有风讯，梁景云请饮于司令部。

即夕，与择生、任潮及各同学谈时事，自九时至一时。

祝万亦同坐，相顾唏嘘久之。

相见。黄绍雄、白崇禧及夏威、胡宗铎、李宗仁、黄旭初（皆同学也）。

8 月 9 日（星期四）

十时，偕任潮同乘永翔，似海军凯旋也。

舰上，赵子珊参谋招待甚优。

六时到甘竹，以夜深不能航行，停泊一霄［宵］。

天气奇热，在舢板上与任兄谈至三时仍不能熟睡，舰长以其室住我，架上有……发无线电去港……。

8月10日（星期五）

五时开行，十二时半到黄埔，改用电艇上驶，三时抵省，略摒挡。

与任潮兄住湘翁处，欲搭夜船已不及。是夕，同任潮驻南园一夜。

夜往二兄处一行。

8月11日（星期六）

陆时起床即赴船，八点开行，二时半抵港。

8月12日（星期日）

……

8月17日（星期五）

接纪文兄信，云湘翁被委大本营秘书长，嘱我赴省同往石龙就职。

8月18日（星期六）

应纪文信召，趁早船赴省，佩莪与十姨送船。出门风已大起，至埗船已早开。风势益烈，折回丽华，后乘22号电车返家。车次湾仔海岸，风势大作，海浪山立，岸水平车，衣履尽湿，报风炮发，车益不稳，天地昏黑。乃相率冒险下车，幸达水军俱乐部稍避，逾二小时乃能返家，沿途所睹零落甚矣。

粦甫大子阿同殇。

8月19日（星期日）

闻此次大风为近五六次最甚者，海面沉隆生船一艘，死数十人，其余海面、岸上损失亦不少，盖风势狂而且急，多不及避云。

小有感冒。

8月20日（星期一）

与佩妹、十姨同去中环。即晚夜船金山去省，船中遇天固。

8月21日（星期二）

七时到步。

往古宅，知行期未定。

往二兄处，谒母亲。

陆光宇厅长请饮环乐园。

往肥哥处，坐至十时，看竹胜十元，可鄙哉！

8月22日（星期三）

往购各物：床（欠毯）等，二十一元；书，五元；什用四元。

到古新第。

8月23日（星期四）

六时，由古府起行，过海乘大南洋，随帅座及古翁十二时向石龙进发。天奇热。奉发特别出入证，下午九点十五分抵石龙。

许总来谒。

夜未能睡，二时译电，三时半复睡，仍未安稳。船顶风凉，幸有毡带来，睡甲板上耳。

8月24日（星期五）

付 C 信及简电。发纪密。

八时开赴博罗。先生之去，汝亦尼之。惟择生函，则情况平稳。

六时二十五分到博罗，城郭萧条，有兵而已。

先生船中暇逸脩简，相率僚属，围棋销夏。暑气熏蒸，先生辛苦极矣。……岛。六时，许偕杨廷培来报告，敌分三路来袭，李易标有千余人犯我汤村，已檄调各部分头抵御。

8月25日（星期六）

上午一时，许偕择生来，云今早二时决以全力扑灭敌之李部，但河岸有事，劝帅座离博。三时，开回石龙，半途搁浅，至十一时到步。续接专电，云兵单，退守飞鹅岭附近扼守，待滇军来援，并以全力占平山，以分博罗之敌。付 d 信，交二兄寄飞机传信回省。

天大风雨，增城复有事。胃气痛作，服止痛药作呕。

姚雨平发博罗招抚。

晚凉，虽眠地草草，亦一枕翛然。

8月26日（星期日）

上午二时，为电报来复起。五时再睡。七时乃兴，公事大忙。飞机出发。

博罗被围，死守待援，汝为来书，读之恻然。

付 e 信。

飞电调援兵。

连日心胃气痛，夜又失眠，异常焦急。

8月27日（星期一）

天风雨，气痛仍未止，已泻三次。

前方粮尽弹绝，情势益险。

晚付 F 信，交梁鸣一代寄。

晚服如意油略痊可。

8月28日（星期二）

滇军四营、福军二营出发，罗旅率之。

接 A 信、潘函、肇函。即复 G 函，及付思齐收条。

天气阴雨而凉。

古翁至自省，郑洪年来，祁耿寰也来，马队三十名同到。

……

兵站转到邓泽如交来一万元，已由金库核收。

录兰	18
企石金交椅	13
礼村	9
□岗	8
东门	9

苏村　　　　13
博罗　　　　30

8 月 29 日（星期三）

李登同、朱益之来，付 h 信。

天仍大雨，水高七尺以上。

一时半从石龙开，时天大放晴光，沿途风雨。至七时二十分始到礼村。由夕至早，风急雨漂，片帆江上，容与水天中，真一幅天然襄阳图也。逆料敌亦无敢动博城稍缓须臾矣。

听元首演讲民元历史。

·

8 月 30 日（星期四）

早起雨更急，水流复激发，元首优游容与，不畏艰阻，殊可敬也。

十时二十五分，开苏村，风阻铁岗。水大涨，非水退不能攻，博团已无形解去，淫雨不止，水愈急。

三时四十五分抵苏村，水涨及屋顶矣。田野成泽，望之凄然。

付 g 信，二兄信托购物。接介公信。

此地集中仅千人，前途危险。幸水涨，敌或不敢乘。

8 月 31 日（星期五）

付土 i，转妹，雷公信。

十时半，铁岗开。

三时四十五分抵苏村。

晚付二兄信托购物，付 g 信、介老信。

闻抵此仅千余人，幸水涨，敌或不敢乘。

苏村之水已没屋顶，一望皆成泽国，人民宿露，煞可怜矣。

晚上，一枕餻然。接湘川电，湘军大胜，川军亦胜。

晚审判解米不前谎报敌势的黄公侠，金定死罪。

付翼电，催船杨胡信。

马伯麟奉委东江舰队司令。

田师全部、三师一部开到。

福军及八旅候船。

廖师云东日可到石龙，夜长多梦。

九　月

9月1日（星期六）

天开朗。汝为信。敌势稍缓，但望速进，函益之、联林。

滇军船回，云只有东北高山有敌。先生已决开驶冲进。八时半由苏村向博罗进，*徙有*勇气百倍。函翼群，责备石龙轮来。接轶裴信、铁生信，云纪文匆遽搭"诹访丸"赴英，非有难言之隐以致决绝如是欤。陈翰誉从博罗回，报告敌情，望援军速进。滇八旅到石龙，开来援福军，到菜村，一千八百支枪云云。

夜宿营第七碉，我军已登山，博城在望。翼复电已备船。

9月2日（星期日）

午前十时，随帅节登上北岭石头山。察看防线。博城在望，小见敌踪，四望水围，几成岛国。二时，始回座船。天气晴好，秋风吹袂，吾意甚适。援兵逗留石龙不来，帅座亲回石龙督率，三时十五分由第七碉开石龙。

沿途停督各军，行至七时四十分始抵石龙。付K信，铁生转。

9月3日（星期一）

阅报，云港大雨，驰念不已，即付L信。湘翁回省候军行，石龙江水涨丈余，为历年所鲜见。……复邮m信，三时得……。

闻日本东京大地震，死伤极大、元气大伤。

滇军骄悍，不听令，先生怒气不已。

杨绍基深明大义，先生嘉之。

付五弟函。

9月4日（星期二）

翼群来。接翼、演信。湘翁回，带来二兄函并烟仔、药物，又……D信。

拍任潮电告武成事。

复演明函，附 O 信。

张民达来，云淡水得利，但水涨未能到平山，博罗尚无异动，水退盈丈。

卓仁机来，张团可到。

福军续来，前锋已占二和圩。滇军四师由禄国藩带领回省城，不听命令至此，殊可叹也。

福军开上。

滇军开平湖。

9 月 5 日（星期三）

付二兄信，附 P 信。孝先信。

连日天气晴好，水退数尺。

黄日权来，云北海已陷，帅令永丰往援之。

……*并及送古宅* 礼物卅二元，但我今何能行。

秘书处一函，附委任令二件。

西路函交原人自带与胡、廖。

彦华回，知福军已占二和圩。布防于乡落。

杨希闵从淡水回，来觐，与先生畅谈半日。杨为人颇诚朴而应对中肯，诸将中甚小 [少] 见也。

今日由帅令简任秘书。

9 月 6 日（星期四）

□□滇军忽弃守地回石龙，帅决往。

八时开行，泊塘子唇，二时抵第七碙。飞机探报敌尚不敢来，只严阵东北角山岭。飞机队已开到。

发展函，电催续援队。水退完。滇军兵悍将骄，殊可恨也。

晚泊七碙南岸，村落数家，饥民载道，与小馔余，欣跃而去。有小孩与吾儿可同龄，与之食，手舞足蹈。问之，云不见饭十日，只啖泥芋充饥，亦可怜已。居舟十日，晚晴登岸，意甚适也。先生指点辰星，教予认识，北斗脚直线，一独星为北辰，此星不动，此为正北方，但星不大光。

地球离太阳九十六兆里，十六分光可达地球，其余星光须万年、千年、百年。

9月7日（星期五）

望卓旅不至，博罗守军拟出击计划。

敌向茶山移动，似有退意。

早八时许，闻茶山二和圩一带枪声甚密，十一时得报告，敌约五百人来袭，与福军前哨接触（遥听断续）。滇军由田参谋带领增加向雄鸡拍翼登岸。十一时半张团到，二营即登陆，飞机凌空（山高四百五十尺）。下午一时，随帅座登雄鸡拍翼，远望张团进屋村占高山。福军退却，敌即向左方进，先生即开回苏村，未见援兵。至九时到菉兰，始遇卓旅，即催上。先生开返石龙，十时到着。

广州寄来简任状。

杨绍基来。

接 L 信，即复 q 信。

9月8日（星期六）

六时，复由石龙开，杨部同行。

二时到苏村，知二和圩敌已引退，而博城军复出击，卓部已到，与福军联络前进。

我军占博罗各高地，敌引退。

9月9日（星期日）

交兵站送二兄与五弟。代寄任状，附李、潘信及示珠儿函。

下午，续付 L 信交五弟，并函之印咭片。

由雄鸡拍翼开至谭公庙，先生上山巡视，湘翁偕行，我则留。

滇军已开去博城追击。

下午四时，先生复渡河登山巡视。博城在目，炮声隐约、烽火连天。然山川历历、风景绝佳。归途经山下村，问土人，多不举火，鹄形菜色，亦可怜已。

深夜，博城报告敌人向东退。

9月10日（星期一）

上午，杨廷培部攻占铜鼓岭，死伤极大，敌向惠阳、响水尾两方溃退。

八时，帅座船移向博罗，进县衙。

许杨两总□见商，分途追击，以卓旅、王团追派尾、邓团追惠阳、福军追响水。四时，座船上溯以盆龙，随向梅湖进。邓团适开至此，先生登山巡视重炮阵地，至八时乃下山回博城，我同往焉。惠城远瞭灯光成串，盖敌人布置电灯阻我登城，云云。为撰申令奖杨，另令给赏万元。择生与大众均不合，此与予与轶裴所谈同意。

……

9月11日（星期二）

付S信，接潘信云薪金已送来。

早随帅往游葫芦岭、飞鹅岭、铜鼓山。十一时归。接东路捷报，我军十日晨占领平山，敌向三多祝退。付大光报函。

与湘翁同见汝为司令，晤各参谋，多谓昨日公事之申令不妥，所以予原稿为参处所改，我则不悦，故也。翼群送到各物，即复之。

9月12日（星期三）

付T信交二兄。程天斗判死刑，帅批寄省，愚而多财，甚矣。

……

日中无事，多聆孙先生教。

午后飞机向惠城抛机枪。

胃又作痛。

9月13日（星期四）

付u信，五弟信。翼群来博。

成利回龙。

早九时，随帅驾出发枚湖重炮阵地，许、杨两总及程颂云同行，十二时到达后，放炮五发皆命中惠州东门外。一时许，舍舟登陆，往飞鹅岭，下俯全城，约隔三千五米达，但其阗寂然萧索至极。至五时半，循白沙堆返船，杨绍基出发向马鞍进。付V信。

9 月 14 日（星期五）

得 H 信。五弟物。发电香港。

座船早五时启行，下午六时到省，往古宅住，去二兄家谒母亲，二婆亦在。

冯轶裴来谈。

发公费 42 元。

9 月 15 日（星期六）

……

9 月 16 日（星期日）

薙发后往丽华，知中华被火，雷公受疑，燊甫尤悔无知人之明，然雷非奸险形于色者，以貌取人谬矣，云云。为此事吾亦不安，大兄尤愤恨。

……

9 月 17 日（星期日）

即日早船来省，下午四时到。

住湘翁处一宵。

往刘宅，到二兄处。

旧日事多孱，予为审计局长以继纪文兄，但湘翁以为不可。……

9 月 18 日（星期二）

下午由省付 a 邮。

十二时十五分开行，湘翁病未来。同行喻右潮、赵金云、邹竞、王伯龄、王文瀚、黄邓昌谷、马晓军，日人佐佐木、伯伦等等。

王棠与郑校之同日撤差，邓代之。

舟次新塘，水浅不能进。

下午九时十五分到石龙。

接□电信，即办复。

9 月 19 日（星期三）

上午七时四十分开，早付二兄转 B 信，下午交潘 C 信。

下午三时许到博罗，付陈膺戎函，接秉纲公事函，少棠函。即略改稿付秉纲，交兵站寄去。

9月20日（星期四）

古太翁生日。

上午六时十分开白沙。

八时廿分，帅座同众幕僚起陆，赴飞鹅岭，十一时半到步。韦、胡、黎、严各师长列队欢迎。

随登炮兵阵地，复上高峰，与敌互相炮击约十响，飞机复凌空，敌弹向吾等射来，距予立地不及一丈即炸发，然吾心神异常镇静。在刘司令部晚缮［膳］。及定廿一总攻击各任务、赏格后，五时十分下山。余眼跳不已。及八时，抵船，知英明载鱼雷、六角药、又飞机炸炮，在梅湖山脚失慎，鱼雷局长谢铁良、航空局杨仙逸、长洲要塞司令苏从山均遇难，痛哉。

9月21日（星期五）

天气晴。

执信先生死后三周年纪念日。

付 d 信邮。付二兄信，为卫生队事。

遇事点搜索只获一红润手掌及一金戒约，手掌疑是苏从山，戒约或系谢铁良，独仙逸无踪迹，可痛也。

石龙通行金库券。

先生登重炮阵地，发炮六响，多中惠阳。

湘翁自广州回。是日，泊枚［梅］湖河面。帅座轻怒。予父死矣，予应觉以父事先生。

9月22日（星期六）

仍泊梅湖。付 E，接 a，再付 f。

航空局报告云，仙逸之尸身顺流至博罗飞机场，眼以下尚可认，怀中手枪、西纸、小章均在，手足已断，亦幸矣，流至所在地尤奇。上午，程部长、马伯伦开飞鹅岭，下午座船开回白沙。

深夜，飞鹅岭报告，决定廿三下午十二时至二十四拂晓施行总攻击，先用水雷炸城，各部继进，以云梯登城。水雷有效则从缺口进击。

……

西方绿星陨。

天晴。上午雨欲下未下。

9月23日（星期日）

七时三十五分，从白沙开枚［梅］湖。

天气晴好。下午梅湖发炮七响。

付 G 信，复黄君行、周少棠信。

发翼电、展电。

下午开回白沙寄碇。

夜半闻飞鹅岭、惠州方面枪炮声甚厉，知或已实行前定计划，予仍一枕鼾然也。

佐佐木为予在重炮阵地照一轻装小照。

日宾佐佐木与桂军官马晓军相谈甚欢，两君亦纯挚人也。

9月24日（星期一）

得报告，总攻击未得手，鱼雷亦失效云，闷矣。

……

邓择生自七女湖来，云即开横沥，许总亦已抵横沥，云云。

为择生电李、陈调四团来，预备队月薪定 300 元，终亦未支近三个月。

即夕开回博罗寄泊。

帅座云迟许总来，即返省一行。

……

9月25日（星期二）

天气晴好，得二兄、翼群、介民各信。即复二兄函，并绍介芹生于禄超。

下午五时，随帅座往铜鼓岭一带看敌我工事，归道循西门以至飞机场。稍憩归船。下午八时，月升矣，追臆（忆）前尘，更怀近事，俯仰之际，感慨系之。……

欲作《博罗月》，诗不成句，盖心绪恶劣故也。

9 月 26 日（星期三）

……

许总十一时许来觐，随定全部计划，以许任中央、杨任右翼、朱任左翼。

晚月明如画。

□秋及西人布士维深夜来。

接二兄、芹生函，即复之。我云普天下人看得钱字轻者盖少，劝演明恐亦无效也。

9 月 27 日（星期四）

五时，由白沙启碇，七时抵博罗。随下，船至李村搁浅，勾留三小时，夜十时始抵帅府。

省酒楼业均罢市。

少棠来坐至夜深，为言芹生与演明争产事。

9 月 28 日（星期五）

……

夕有军事会议。

十　月

10 月 6 日（星期六）

为陈炯明派厂总办事上省署一呈。

致函候李嘉生，九妹之病经翟朝亨及砚铭来诊，服药后仍乏效果，异常纳闷。

思辕来谒，明日去省。

10 月 7 日（星期日）

接大姊信及诗集，即复，并付与 4 元。妹病，得杜医生来诊断，为孕而误食闭经药所致。

10 月 10 日（星期三）

早抵省。

九时赴府，先生不受贺。

见母于二兄家。

酒餐于古宅。

晚往协之家。

付 A 信

双十节，衙署均庆闹，惟商人寂然。

10 月 11 日（星期四）

十时返府，潘带枪来。

10 月 12 日（星期五）

即晚夜船与古翁去港。

10 月 13 日（星期六）

早往晤四工先生。

10 月 14 日（星期日）

即晚夜船去省。

母亲来港。

10 月 15 日（星期一）

早赴帅府。

10 月 16 日（星期二）

整理数目，订定审查办法。

公宴谢依臣于肥公家。

到省署，仲翁言明矿厂事。

晚翼群来避，演、二兄亦来商事，至夕二时始散。官之末路苦矣。

10 月 17 日（星期三）

订各办法，并拟公文。

秉纲来对数。

付 B 信。

10月19日（星期五）

与陆耀文同请谢宸臣等于肥哥先生家。

为湘翁赶办查办案。先行书类□查各事机关呈帅府。

10月20日（星期六）

湘翁留省，帅座需我随赴虎门，即往。

10月21日（星期日）

六时抵省。

九时半启碇，二时抵虎门。

登威远及上横档炮台。

孙夫人及俄宾同行（加仑将军）①。

10月22日（星期一）

登威远山顶观 24 生炮。帅座等乃循山后行，赴太平圩，登寨山，下东较场即朱先生执信殉地。三年回溯，不禁感恸系之。

后帅赴要塞司令部及国民党支部欢迎会演说三民主义垂三小时，至七时，回威远台，迳泊沙角。

10月23日（星期二）

登沙角台，帅阅廖部操。

五时回泊二虎，座驾往□门。

九时余到二虎,闻行次万顷沙，为沙勇误会枪击，廖部一卫弁死焉。

廖省长电，高属茂名、电白相继失陷，黄明堂林士巍败退水东，并云河源三日不援，恐失利。杨、许返防已稍迟。

九时半开回，十二时半抵省。予以发热，仍在广北休息。李协和

---

① 　此时加仑将军尚未来华。此处"加仑将军"4 字虽是李仙根字迹，但从墨迹颜色看当是后来所加。

电何雪竹及和斋，代表均已抵省。

10 月 24 日（星期三）

七时登岸。闻演明被逮，家私亦受没收，惨矣。宦海之恶浪也。即赴帅府，欲言不敢，爱莫能助，奈何，奈何。

发九月薪三百元。

付 B 信。

10 月 25 日（星期四）

古宅请我大餐，贺生日。

付 C。

天气晴好。

早赴帅府办公。

下午往五弟处，寸二百五十元。

同往午餐。

10 月 26 日（星期五）

陆耀文、郭民发请饮于古宅，贺我生日。

上午闻我军退至博罗、失河源，下午闻张旅、莫旅复派尾向观音阁进，为之一快。十九。

10 月 27 日（星期六）

续前。翼群请蛇羹陈宅。

付 e 信。

黄惠龙生女请酒于环乐园，贺 5 元。

10 月 28 日（星期日）

得报河源、平山相继失陷，省局大摇动。

早赴帅府，又不行。折转侍先生登白云山，到能仁寺，先生殊健。……

10 月 29 日（星期一）

得报敌人已到平湖，蒋部退石龙。……帅座忽欲出发石龙。……

海军昨夕除永丰外，悉数逃走无踪。

省局大恐慌，香港传来谣言尤盛。

10月30日（星期二）

早返帅府，帅座又不出发。接许、杨电，柏塘、派尾，林虎来犯，为张、莫旅，杨、朱、李部击溃，得枪四千枝，敌向黄麻陂退。陈军主力在林、刘，合先破之，战事当早结束。

滇范开到石龙，得茶山犯樟木头之洪部退去。局势似稳。

今日予初度也。……独行街衢，散我心郁，而途中遇拉夫，又心为之酸矣是。

10月31日（星期三）

付 f 信。

胃病未瘥，……帅府无何种消息，但市面萧条甚。

付 G。人心摇动至极。

刘部退出飞鹅岭，但许、杨不到河源，平湖克复。

胡思舜闻已到白芒花。

十一月

11月1日（星期四）

付不列号信 G。

早过帅府，先生云洪、叶非滇胡敌，对战局亦不悲观。

耀文至，自港，云……

11月2日（星期五）

出发不果，志行……

李子欣函，云博罗急报许、杨、朱部已到河源，俘三千人，得军品无算……

11月3日（星期六）

七时过帅府，知定十二时行。

……廿四信云，廿六来省。……

十二时车行三句钟到石龙，各军充塞不进。蒋、胡、卢、王到会，议军事。两边伸张，肃清河岸，以固博罗之防，蒋肩任，其决心，可慰也。

梁国一带东路一支队亦开到。

付 J 信。

蒋云，军人以服从为主，帅令如何便谨遵，他无可说，云云。

夜宿到车中，泊石龙车站前。宝安被匪侵入。

前方无大进而各部按兵大［不］动。先生来督而率之，始有转机，幸矣。

车中半夜观月……

11 月 4 日（星期日）

各部队伍拂晓出发，以范将卢主力肃清铁路，以达平湖。

以胡慕美合东路一支队及各散队上溯博罗沿岸。

上午九时，敌在茶山方面与我接触。与黄副官及翼群往前观战。火声愈远，后队前进，敌人当已退却，而枪声多偏右。似是沿路一带接火。不两时后，得报告敌已退廿里外。范、蒋两部追至张坑，敌援又至，据俘虏言系翁、马、练、熊等部，势尚不弱。入夜，复得报，炮击敌再退出张坑，仍猛追中，计明日当可到樟木头。又报，东莞城为土匪攻陷，调登剿。

电报来多，一时始睡。发 L、K 信及各处捷报。

11 月 5 日（星期一）

胡部尚未向博罗前进，罗遵令从水路赴苏村，梁国一启队向菉兰。帅座巡视南社站，复上横沥进圩，市已为敌焚掠殆尽矣。战地情况殊可悯也。晤降将李武城，握手道故。范小泉云军人多虚报俘获之数，如确，则三四日间，敌已无全在，何必追击。此次各军长官本良心上独立作战，交通虽梗，各当进益，应对之间颇为得体。

闻敌有两连正睡眠间为我俘获，亦笑闻也。军人生活贱如犬豕，伕役更犬豕不若。途所遇见，心为恻然。夜深接胡谦电，敌二千人来犯，龙门已失，陈策、李天德、王作标潦部望风退缩，真可恨也。

正果亦危。

11月6日（星期二）

许、刘快邮，博罗出击大胜，敌退守惠城，但冬日杨、朱尚未达河源，林、刘板塘一败，已无能力，现占迥龙，我军拟分道袭之，预得胜利云。帅座回省，行营各部均留龙办事。

……之信到，始接，付 m 信。

又接自省来函，知廿五早来省，其怅惘可知矣。即复一电。

追击队已达樟木头，王部向鸭仔步、卢部向深圳追击。

……

11月7日（星期三）

付 n，又付 O 信至省。龙门迭来告急。

发电性急，为参军处闹意见，我性未纯，动窃［辄］得咎，戒之哉。……

11月8日（星期四）

追击军已达鸭仔步。赏万元。翼到苏村。博罗来信，板塘又获枪□。

付 P 信。湘翁回省。……

付 R 函。湘翁返省医牙。

铁城函，云与……六日回港。

夜十二时方在酣眠中，西路万副官长来报，我中路及左翼军退出博罗，少顷，许总乘大南洋到石龙。

即电帅座，并代许发电。

11月9日（星期五）

东路西路滇军相继退却，将至石龙，即持帅令制止，无效。

滇军退至九子塘，福军随之。东西路均退至菉兰。

帅座一时同李协和来石龙，即集各军长官会议反攻。同时，右翼报告已克复鸭仔步及深圳。敌狼狈溃退，一得一失，殊可惜矣。闻此次退却系滇军先退响水，许军调六旅往援。敌援适从回龙移向板塘，侵博罗。我方摇动，乃相率惊退，非战败也。

……

赏范军 2 万元。

11 月 10 日（星期六）

赏朱、杨各五千元，为反攻犒赏金。

东路收容略妥，南路亦然。

退兵至石龙，全驻飞机厂收容。

11 月 11 日（星期日）

上午，闻敌渐向菉兰移来。

胡师调增城，以二刘部填防。

帅座开石滩。

范军来函云，舍惠州来援中左，不死不休，云云。

11 月 12 日（星期一）

早闻铁墙方面反攻得利。

菉兰二刘败退。至十时，电话线断，前方益不利。

十二时二十分，前方西路兵完全溃退西滩，先生向前督率反攻，不生效力，退兵如排山倒海，纷登火车。予方在车书旗，后方火车撞来，势如踢屋，予在车持枪禁止开车，乃撞倒晕去，仅醒起立，第二次撞车又来，先生登车受惊，后往附车头返省。予送先生上车后复登车，大撞不已，及至仙村站，湘翁与翼群吁喘行来，盖已走五十里矣。车再开，沿途用车头后推，锁较中断，刻刻危险。此时生命已存几微矣。十时始到省，先至廖省长家借车。十二时始与湘翁返仓边街，胸次及脚小伤，精神倦极矣。闻退兵在车站为杨廷培完全缴械。

11 月 13 日（星期二）

得薪三百元。

早过大本营。先生已起，笑问我伤并云可休息休息。

闻范军到石龙，围敌大胜，获枪数百，洪死杨逃，似此，则前方稍固。

11 月 14 日（星期三）

省人心惊恐至极。

11 月 16 日（星期五）

洪、杨犯石龙，进至石滩。

林、刘犯北路，进至太和市龙眼洞。

李易标犯从化，进至白云山。

四面迫逼而来，人心大震，人多去港。闻帅令禁人搬家，委杨希闵滇、粤、桂总指挥。

11 月 17 日（星期六）

陈军为我联军击退，许、刘复至石滩，局面尚固。

杜医生为我治胸足之痛。

11 月 19 日（星期一）

邓老伯母生日。

11 月 24 日（星期六）

到亚洲见秉纲，知湘翁奉命赴港追许汝为返省。及途遇礼廷，知湘翁已直追许赴沪。

许因先生会议责望言重，杨、李等又多怨言，莫雄被留，愤而去沪。大敌当前将帅如此，可为太息。

下午赴帅府，晤轶裴，知汝帅行后，只一手令交佢代拆代行。

足伤稍痊，仍扶杖。

午赴省署。

付 A 信。

寄胡府喜帐。

11 月 25 日（星期日）

天气转寒。

11 月 29 日（星期四）

省讯，我军已克石龙。

陈、林分离，林退老隆，陈势益孤。

往吊周伯母，途遇季南。

十 二 月

12 月 1 日（星期六）

夜船赴省，偕妹同去。

协之亦同船。

为陆匡文存皮箱于丽华，交少岳放银仓内。

张资平来谒。

12 月 2 日（星期日）

天寒甚。

抵省，寓古家。

12 月 7 日（星期五）

北军侵南雄，湘军击退之。

12 月 10 日（星期一）

移家来省。

12 月 15 日（星期六）

湘翁生辰，庆闹竞日。

余父亦生辰，念之痛极。

12 月 22 日（星期六）

帅令准许总部经收旧粮。

总部嘱予主办之，并聘任参议。

12 月 31 日（星期一）

以上均供职大本营。

1924 年 *

一　月

1月1日（星期二）（南京政府成立纪念）

天晴，寒。

九时赴府觐贺。卫士赏勋。

夕古府春宴。

1月2日（星期三）

先生提出委我放县篆。

1月7日（星期一）

分发各县专员。

先生手令，省署委我。

1月8日（星期二）

委令送到。

各方面多来接洽，甚苦应对。

轶装偕少棠即日赴香带兵，二旅江固送行。

即夕夜船赴港。晤陈耀祖，知汪、胡各先生将联翩来省。

1月9日（星期三）

借利黄日叔港纸一千元。

另蓬叔一千元。

＊　本年日记记于商务印书馆编译印行的《中华民国十三年袖珍日记（甲种）》（中华民国十二年八月初版）上，日记本红色布面，长 11.4 厘米，宽 8 厘米，笔迹以钢笔字为主，间有毛笔字，共记录日记 101 天。

1月14日（星期一）

上午谒帅请示。

四时下船赴港。

1月16日（星期三）

到岐幸无觉者。

1月17日（星期四）

是日接事，由商民团送行。

步至县衙。

后到县会宣誓。

衙中各物荡然，布署至苦。案宗亦失。

1月18日（星期五）

委任忙。

1月21日（星期一）

铜印始收到。

二 月

2月11日（星期一）

倩昌渡被劫掳30人，闻之心殊恻然。

2月12日（星期二）

早三时赴港渡。

大兄自港来，寓东亚。晚往谈至夜深止焉。

借丽华数二百元。

即晚请港友于乐陶陶。

夜船赴省。

2 月 13 日（星期三）

早谒帅座，意殊不怿。

已令海防司令派船。

2 月 14 日（星期四）

酬酒于古宅。

用一百二十元。

2 月 15 日（星期五）

晤许公武谈各事。

请光宇宴于古宅。

2 月 16 日（星期六）

搭日船赴港，四时到。

是夕观画剧。

2 月 17 日（星期日）

记买电手灯、拖鞋、饼干、一号帐顶。

赴商会欢迎会。

演明宴于乐陶陶。

商会公宴却之。

2 月 18 日（星期一）

记与简焕章杏一升、□二斤，及问船廿七运岐。

搭新渡返岐，瑞浦随行。

三　月

3 月 11 日（星期二）

早船赴港，二时许抵步。

3月12日（星期三）

平安到省，住古寓。

十时赴帅府，帅座温谕有加，询乡事极详。

十二时谒省长，谈话约一小时。

林仲行请饮于玉醪春。

付瑞浦、仲弼、九妹函。

3月13日（星期四）

早赴帅府。

一时再赴省署。为许公武函动气，当面辞职。

函自卫局，辞局长席。

心绪异常恶劣，出双门底，看书遇肥哥等。

3月14日（星期四）

检阅*佩妹*日记，不胜感旧。

晚复心驰不已。

往西濠晤五弟。

仲弼、志刚、赛阶来挽予。

3月15日（星期五）

赴省署，晤省长，谭老板在座，叙谈甚快。

判决人犯事，交萧秘书（香密）。

心绪恶劣，又不得……书，家中竟何似也，衙事又何似也。

3月16日（星期六）

湘翁请饮于家。

午赴刘宅，五、七等含不快之色，是非当系不用少侠所致。啸白回亦有意见。潘及舜生均离心。

函省长辞矿厂席。

函岐委潘为秘书。

3月17日（星期天）

古女弥月。

四方空气恶劣，辞职之念油然而生。

晤轶裴，说消极语，彼亦大生感谓。

湘翁民团总长及清乡督办将成实，为讨论章程。

来十一手厘头。

3月18日（星期一）

佩勋八秩双寿。

飞腾。

由省赴港。

少棠母寿，饮于彼寓。

阅乡报知牛起环又被劫，心焉驰念。

港轮中函公武，云消极态。

付纪文兄一函。

晚不入旅社，往高升观剧。

3月19日（星期二）

即日搭利盛回岐。

舟中拟促办联团书。

五　月

5月1日（星期四）

徐、李在省受押。

连日大忙，心神为丧苦矣。

5月2日（星期五）

奉省令将海盗卅八名枪决。

警务署派林玉行，港派沙顿、朱香两帮办、伍冰壶来参与。

七时宣判，九时十分在大较场执行。为首何少棠、林钊、许钊红三名也，于先日奉令妥办。"挥泪祈祷"。

苦力罢工，不免生气调解。

请求上帝恕我因公奉命。

5月3日（星期六）

记买熟纱、纱衫褂。

白绸、毛扇、火腿、燕窝。

取竹席，衣车。交租，二月起。

牛奶粉。

5月5日（星期一）

交捐款100，邓夫人手。

交淑先6710，（入6500，支淑210）。

交租100。

交耀文30。

5月7日（星期三）

返港。回县。港次晤京警司，相谈甚快。

接电，知古历初三日举子，拟名连玖，名琼泰，大时字中琼。

5月8日（星期四）

返家，幸大小平安，母亲欢喜，亦笑逐颜开也。

5月9日（星期五）（春分）

连日五旅与商团发生咀晤，几至冲突，极力调处，幸终寝息。

工会风潮又扩大，煞费精神。

5月16日（星期五）

赴商团演说，明责任问题，计两句钟。

5月17日（星期六）

集贤工会风潮，罢工半月，今日解决。

5月18日（星期天）

九伯生日，往宴。席间与麦宝台，因忆十九年前父亲被辱事，忿恨随生，恶言出口。席散后道实谏云，天下已无真是非，愿涵容之，以示大度。予领之。

5月19日（星期一）

阅曾文正日记。

百事有节。

日来予……吾行……，予不忍拂之也。

5月20日（星期二）

出巡隆都，至港头止二区。一饭已入夜，拟留一宵，免途中危险，至夜十时，大队长以兵迎来护，传……

舆中阅曾文正日记。

去矜，忍怒。

养生之道莫要于澄虑，心境无瑕，生机乃活。

5月21日（星期三）（小满）

上午印忘携带，只置案上，恐有失。急命赵仲昂缺角刻记，以示前别。

5月22日（星期四）

禁赌、禁烟，亲身为之。

七 月

7月4日（星期五）

早三时，启行到第六碉，汽喉忽坏，停船三刻，始再开。

7月24日（星期四）

出巡南乡至前山。

7月25日（星期五）

赴澳访澳督及各官署。

7月27日（星期日）

赴五区。

团警队欢迎，集局前操场，演说约二小时。

7月28日（星期一）

赴省始知省署已委林警魂。

请示元首，属随便交代，意有不愿。

晤胡，轩□警魂，顺来顺交，逆来逆交。

7月29日（星期二）

过澳。

7月30日（星期三）

赴港。

返岐。

7月31日（星期四）

准备交代。

八 月

8月3日（星期日）

十时交代，行礼如仪。

礼毕，各人员及社团人民送予到家。

午后接许总司令冬电，缓交代。已无及。然予决意遂，初亦即以顾全许、廖情感。

乡人对予有去思。

8月7日（星期四）

回省仍住古府。予眷亦同来。

8月8日（星期五）

复回帅府。

优待有加。

8月23日（星期六）

商团为私运军火为政府扣留罢市。人民盲从，空气恶劣，人心惶然。

8月29日（星期五）

范、廖担当调停。商团乃心急罢市解决。

8月30日（星期六）

为党改组事，先生忙极。

九 月

9月1日（星期一）

四省攻浙。开战。

9月13日（星期六）中秋节

付①。大本营迁韶关，予随帅节。九时启行，乘粤汉车，下午五时抵埠，驻车站。

月为黑云所掩，夕倦极，一枕安快。

同行者吴铁城代参军长、古秘书长、邓参军彦华、黄、黄、马副官、朱秘书、林云陔、昌穀。

9月14日（星期日）

付2。

早游韶城。

浙军克宜兴。

广州设置留守府。

午往游曲江县城，无大观。只有花会、赌具，妇孺趋之若鹜，真可怜也。

夕月亮悬空。

9 月 15 日（星期一）

浙电，战况尚好，盼我方出赣，急极。

午早入城。

9 月 16 日（星期二）

午游莲花岭。帅驾甚健步也。

申电，张至榆关□□□，九日通电，浙败齐于宜兴。吾粤如何饷乏而兵娇将悍，斤斤于内部之争，大好中原恐无知置喙之余地，有人云云。

闻展亦辞留守及省事，原因亦已复杂至极矣。先生亲信暗潮至烈，无聊小政居中播弄，至可恨也。

吴稚晖来为陈事，先生仍持前议。

付 3。

9 月 17 日（星期三）

接 I、M，付 4。

9 月 18 日（星期四）

交云陔兄带 5、6 并草菇、香信各一包，接 2 及子云、翰屏、子恒信。

9 月 19 日（星期五）

接 3 信，瑞浦、五弟信。

乡人均欲予回任，翰屏且力愿助我。再为冯妇，吾心雅不欲耳。

付 7 书并诗。

甲子中秋韶关军次

才抛薄宦江湖去，又到关山八月秋。为遣愁怀欢有日，怕撩乡思不登楼。旌旗甲胄看初动，云汉星辰影欲流。江水夜寒山寂寞，风光如此可无愁。

9月20日（星期六）

浙电，三军失利，弃浙攻苏。帅电慰之。

樊醒民率右翼潜赴上犹〔饶〕，以奇兵袭南昌。帅后闻及乃壮之。

常某某参议来接洽。

付7信。鲍罗廷等自省来。

府内外人意见甚深，为党事也。

9月21日（星期日）

午随帅节游芙蓉山口占一律

岭上梅花早未逢，先探幽艳到芙蓉。再来城郭经三岁，此去关山第一重。历劫众生思普度，从征诸将尚雍容。至尊忧国犹闲豫，来味云间古寺钟。

午二时兴尽而返。

日本记者来觐，为传译。

汉唐□修道于芙蓉山寺。

9月22日（星期一）

谭、胡、廖联袂来觐。

帅座委古翁财部兼厅，力辞不许。

云陔及幼光来。

带到各物。

即复8信。

接3信。

9月23日（星期二）

许电陈炯明与沪电云，商团助款百五十万，如不攻粤自是自弃于粤。

帅电汝帅查办。

方声涛来。

9月24日（星期三）

湘翁返省。

付9信，申明各意。

连日代帅座封密各信，与黄埔蒋校长。

9月28日（星期日）

先生往来河坝，向何成濬部演说，入夜始返营。

9月29日（星期一）

午，南较场各界赞助北伐大会。帅座亲临演说。

十　月

10月2日（星期四）

帅座偕许代表世英、廖省长、伍部长及幕僚谭组庵、方询松、柏文蔚等游南华，观肉佛、法宝，四时半兴尽而返。是日心神清越，得诗五章。

10月3日（星期五）

交印与谭秘书长，仍留幕。

10月5日（星期日）

湘翁接财厅、财部事。拟委我一科长及财部秘书，辞之。当仍供职帅幕，让陆熊得意。

记问瑞之一，＄1000。

10月10日（星期五）国庆

是日到省署。

午赴西濠观黄昌毂婚礼。

商团将政府发还枪起卸，适双十各界巡行队到西濠，商团放枪，伤人无算，死数十人。且剒工团军一名。

恶感益深，各军及党人见商团行为，群已拟解决之矣。

10月15日（星期三）

连日商店罢市，各军会攻商团，西关大火抢劫，吾民苦矣。

10 月 16 日（星期四）

各军会攻时，五弟外寓适在火线中，罄身冒险走脱。

10 月 19 日（星期日）

赴北园午餐。晚陈府为我祝生日，酒叙。

10 月 23 日（星期四）

冯玉祥反攻北京，迫曹出走。吴佩甫山海关大败，退秦皇岛。

10 月 29 日（星期三）

北京局势陡变。

市面受兹影响，乃大定静。

10 月 31 日（星期五）

先生自韶关返省。

会商国计。

十 一 月

11 月 2 日（星期日）

瑞甫来云，数已做妥，但要填二万三千元，苦矣。清之结果果如此也，我心但甚安。

11 月 13 日（星期四）

孙先生北上，即夕夜船与湘、协、云三兄赴港送行。

11 月 14 日（星期五）

十二时，春洋丸开，送行者颇众。

十 二 月

12 月 10 日（星期三）

吾爱及匡文、思辕、演明、卓然、耀丰、贯明、秉刚、又刚、敬铭、十一弟等送我下港船。

12 月 11 日（星期四）

协翁、金言、尧民、大兄、伦甫、林仁煊送船，十二时开，遇谭礼庭同行。

忆民元搭天洋丸亦同行，巧矣。

借与粦甫共四百元港纸，换大洋纸四百九，纸五百元。

陈新水脚十八元。

付（1）。

12 月 14 日（星期日）

早八时离，船十一时抵坿。

付 3、卢、思辕、焕庭函。

路上遇维初。

12 月 15 日（星期一）

礼庭与谭海秋来商生意事。

买各物如下：

  皮外套一袭，＄252.00。

  外套一件，375。

  裌脈一个，48。

赴商业广东银行，见谭少瞻流落至极，真可叹也。彼方犯刑事云。

付 H。

与维初观剧于大舞台，演包公传，甚佳。闻北京空气不佳，闷极。车危不敢搭，船亦无。

12 月 16 日（星期二）

托何伯奕带外套脈肩、绒帽、冷绒六双，物七件。

付五弟、大兄 5 信。

晚与维初赴大舞台续看四本换太子。

往晤礼庭、座中见杨文昌、何礼文。

12 月 17 日（星期三）

送何伯奕船。

托李秘带衫料三件，扁一包，皮零一件。

往上海银行购车票，归接礼庭电话，上便有事不可行车。往广东买天津汇票六百元，水十元，晤煜堂伯。

连日闷极，心亦念远。

12 月 18 日（星期四）

改购新铭船。

12 月 19 日（星期五）

新铭亦不开，改购东华。

往返转换，真苦事也。

12 月 21 日（星期日）

附同华轮赴津。

同船。

严元熙仲简，海宁行司理，美留学生。

王世泰，际平南京造币厂会办。

范季美，天津上海银行司理，美留学生。

12 月 22 日（星期一）

船小风浪大，幸未呕吐。

12 月 24 日（星期三）冬至

船行缓极。

船上书 7 信。

晚八时泊津岸。即往熙来饭店，为时已十句钟，未能访各同事，但知先生未北上耳。

往洗浴、剪发，后回店安息。

12 月 25 日（星期四）云南倡义拥护共和纪念

草付 8 函。

与七郎游津市。

张园晚大餐，祝节同乐同也。

付 9。

八时到张园，见各友及汪先生。

九时半谒先生，卧病未起，形神衰减，大不如前。叩候数语，日医小简勇来视疾，予不敢扰，屏息小立一刻始退。据云，先生之病须静养三周，方可行动。

与汪先生谈粤事及此间情形去向，先生嘱予在津云云。

张园为招待先生御所，备极华丽周致也。樊部已到河南，北方军队有廿万人，服从先生，机会本佳，讵遭疾厄，滞程惜哉！天乎！

闻京中安福系对我仍非好感。

12 月 26 日（星期五）

与亚新买票。

与彦华同往买皮□一狐肩，付母亲御用。

早午在张园。

晚育秧、陈、邵赴大来汪先生处晚餐。后同往观剧，晚胃肠不安。

12 月 27 日（星期六）

早与汪、陈、取皮罩，付 250.00 元。

午饭亚新搭昌升返省。

付详 10 及湘翁函。

买各物付家。

到张园，闻先生病已有起色，甚欣喜。

晚邵请晚餐于津菜馆。汪夫妇、黄昌榖妻适来，徐、李、尤等同席。惜因肚泻，未能尽量也。

12 月 28 日（星期日）

早习字，后赴张园接……

午随汪先生赴南开中学中上学生演讲会，题为：学生会何以要加入国民会议，会议何以首先标题废除外国不平等条约。

头头肚泻，往广东店买保济丸。

12 月 29 日（星期一）

电……

付 12 信。

黄、吴请西餐于国民饭店。后与彦华看影戏。

鲍罗廷来，先生决定卅一日进京云云。

12 月 30 日（星期二）

电湘翁，告以先生行期，及付信南池子 55。

再电湘翁，告以展求去，及先生对市选不满事。

与马超俊、汪夫妇往看画戏。

12 月 31 日（星期三）

付 13 及各友信。

十一时随节中站启行，沿途戒备森严。下午四时抵京，欢迎者逾五万人，惜先生病未痊，故言论丰采都不如前，令人失望，行馆狮子胡同顾宅，甚壮丽。

1925 年*

一　月

1月1日（星期四）南京政府成立纪念

快雪温晴，闻先生已清快，欣慰何以。早乘车往三贝子花园，与陈耀祖偕去照相多张。

时局凌乱，市街尚不热闹也。

……

1月2日（星期五）

付14信。五弟信。

与彦华游中央公园，进西华门，遍览古物。太和、中和、保和、武英三殿、文华殿，以时不多，容待后日。规模壮丽，极饱眼福。……

1月3日（星期六）

段宏业宴于本寓，奉父命也。

1月5日（星期一）

付15。

连日办公无事可纪。

黄宴正阳楼食羊肉。

1月6日（星期二）

杨香池来谈。

＊ 本年日记记于商务印书馆编译印行的《中华民国十四年袖珍日记（甲种）》（中华民国十三年九月初版）上，日记本红色布面，长12厘米，宽7.8厘米，笔迹以钢笔字为主，间有毛笔及铅笔字，共记录日记110天。

1月7日（星期三）

还汪夫人皮价 250 元。

竟日办公，晚谭君请晚餐。

······

上海又战起。

1月8日（星期四）

与彦华游文华殿、雍华宫。

晚付照片及各影片。

······

先生病稍瘥，可进食。

反对派及冯自由等指摘汪先为共产，风潮甚烈。

国民会议声浪颇众大。

善后会议仍进行。

陈决扰粤。

谭在赣大败。

1月9日（星期五）

早午办公未尝外出。

晚，马超俊请往便宜坊食鸭，踵往观□戏。

回后译电毕，书······

先生病如常，并无大起。连日段交际已疏，似是欢迎为表面敷衍。况谭败于赣，粤方有陈之攻，吾党前途未乐观也。

马言黄在外弄是非，一时愤懑，终亦一笑置之。

1月10日（星期六）

先生急欲治本，以对外故，主张国民会议，致能来指标；以对内故，主张善后会议，而但切要，惟恐吾党无实力反对善后会议，而国民会议······能反电□，更观近来电黄□国民反对善后，营无聊之国体，并无强本力之举，会议前途顿呈萧条之象，对善后不要时更······国民会议之方法。闻鲍格亦主张不反对云云。

1月11日（星期日）

早偕陈耀祖游黄庙。

午得李石曾先生绍信游清宫。乾清、交泰、坤宁宫、养性斋、铁亭珠网满布，荒凉极矣。外观堂皇，内亦无足取，帝皇之居如是而已。冯有条云，凡事当看结果如何。

发湘翁电告情形。

晚赴……

1月12日（星期一）

早接……信……

晚程谱荃伯请晚饭，梁季典、廖凤书、陆兴祺在座。

谭照诚后请画戏。

发一电告以金库单在银行及不用付款来。

1月14日（星期三）

付18信。

1月15日（星期四）

付各相片。

1月16日（星期五）

先生将告段，能参加人民团体代表于善后会议，终决仍交国民会议，则不反对现之善后会议。

付19。

1月17日（星期六）

先生致执政筱电，以同情的让步，只求加入九团体于善后会议，但复决仍归国民会议。

1月18日（星期日）

与……游颐和园。

1月19日（星期一）

连日公事多忙。

湘翁电云明年来京。先生谕介、仲、展、湘各有职守，不可遽来以增南顾之忧云云。

晚与陈耀祖赴煤市……

1月20日（星期二）

先生病甚剧。

1月21日（星期三）

付十一弟、九妹21函，嘱交恤金事。

1月22日（星期四）

晚赴北京饭店与彦华谈至十二时。

……如……

发湘翁一电。

1月23日（星期五）

早赴中央饭店看惠龙疾。

自游天坛，后赴黄府晚饭。

晚，观各处除夕热闹。

接……信，知五弟十五娶妇，甚热庆。……

1月24日（星期六）春节

与彦华游海王公园。

晚赴何少生家宴。

作敬电……湘翁焕庭。

1月25日（星期日）

付21信。

日赴北京饭店陪彦华竟日。

先生因误食物，昨夕呕吐且痛。日、俄医助德医看视，皆主速剖割。夫人忧泣，吾人亦为之不欢。惠龙鼻衄甚剧。

1月26日（星期一）

先生下午三时入协和医院，即施手术，费时三十分，但仅作开视，并未将症结取割，则心腹之患未去也。

是早往西山、香山、玉泉山……

付22。

1月27日（星期二）

六时起，七时与彦到医院。

先生经过尚好，但医言危险。汪先生说"担心"。……惠龙稍痊。

晚十一时，往协和值夜。三时前，先生尚安。及三时半，忽起呻吟，又呼进莲子羹，食后又呼痛。竟夕焦虑不已。

……

发湘翁感……又23信。

1月28日（星期三）

接五弟函。

德医报告及日医报告，云先生之病已进危险症，断为肝癌。闻割剖时只去腐脓，并未取癌。协和全体医生皆认为绝望，可痛矣。

下午接班，……庸之谓我买此难，太有声故。晚间，先生病适为危险时期，但甚安静。发俭亥电。

……

1月29日（星期四）

九时起床，天乃大雪。

早知先生病有望，温三七，一般同志多主改用中医收拾病□。十二时接值。

发艳巳，续艳午告安。

……

发艳戌电湘翁。

1 月 30 日（星期五）

付 24 信，又付相片（二式共三张），并寄纪文一枚。

先生热平，创复似有希望。但内症未除，乃为心腹之患。探病者极众。

往正金托收款不得，心焦不已。

阅老子道德经，颇有领悟以柔制刚、以静制动之理。

晚十二时接值。先生热增 85，脉 14.5，至中夜平复。

1 月 31 日（星期六）

付西山影片。

段芝泉午来视疾，早平常。

午六时，先生复增热，脉闻呈强起以致如此。众心虑不已。

段复以筱电容纳意见，但以时间太速，不得已乃改聘各界代表之专门委员到席，但只有发议权，无总决权。

二 月

2 月 1 日（星期日）

接 8 信，发东电。

又接 9 信。

复 25 并相片。

先生忽沉重，传呼汪、吴、李、张及哲生，哲未来，孔又入，先生亦不言，似有遗嘱。汪大惧。

2 月 2 日（星期一）

哲生、协和、沧白、固卿、静江、慧生午刻到津，张、哲、稚、石、汪入谒。

先生忽下泪，怜张病胃来视也。

发冬电。续冬戌湘翁。

2 月 3 日（星期二）

先生安适。江电古。

与医谈 45 分，道及十年病经过。并愿试 Lidian。不愿中医。

2月4日（星期三）

先生极快适。发支湘翁。

中午闻先生安□，极慰。下午至晚甚念。……凡。

先生初试镭电母，比昨略安。

2月5日（星期四）

先生安。

午与陈耀祖往琉璃厂……

plus 100①，36.8②。

开试雷锭。

2月6日（星期五）

接微。

Unchanged③。

120，37.8。

饮人参一杯。

精神渐弱。

2月7日（星期六）

发禄、虞。明太鱼。

又发禄、虞、亥，明太虞。并致少棠。归来后书 24。

Unchanged。

Plus 100，37。

---

① 每分钟脉搏数。

② 体温摄氏度数。

③ Unchanged，意为无变化。

再试雷电母。

打针三次始安。

眠后复元神。

2月8日（星期日）

……

出 130 元仄与□锇。

Unchanged。

104，normal[1]。

n[2]：37.8，120。

2月9日（星期一）

接妹佳电。午往接车廖夫人，邹、陈、戴、季、孙、孙同来。

发佳电湘、仲、禄，续佳戌禄、湘、介，接演、供兄函。

在院。

书 29。

先生入院以来，今日最佳。

36.4，100，26[3]。

入夜转弱。

132。

38.6，140，26。

38.6，142，26。

2月10日（星期二）

付演、湘信。

---

① 　Normal，意即正常。

② 　n，即 noon，意即测量时间为中午。

③ 　每分钟呼吸数。

发蒸电报密。

37.5，120，26。
脚微肿。

2月11日（星期三）

凌晨起床，书30。
存浙江兴业900元，折7/95＄。
值夜如故。

106，38，26。
100，37，28。
4①：124，37.5，28。

2月12日（星期四）北京宣布共和南北统一纪念

付联义摹碑二据。
……

昨夜：118，37.2，26。
上午：118，37.6，22。
下午九时：114，38。

2月13日（星期五）

120，余不变。

2月14日（星期六）

8：37.8，120，26。
12：37.6，124，28。
4：37，124，26。
6：39，144，38。

---

① 可能是测量时间。

发寒电报。

2 月 15 日（星期日）

早由协和返行馆，睡至十一时。耀祖来。……书 32。发转湘，删、亥。

37.8，124，30。
8：37.5，120，28。

2 月 16 日（星期一）

展删未电，封汝删已否克服淡水。
铣未。

2 月 17 日（星期二）

购物……34，……30。付省书 33，接□4。
医生告总理以病无望。总理心亦被摇动，决明早迁出。
院亦不负责。
发湘翁电。

3. 3：37，112，26。

2 月 18 日（星期三）

接禄筱，午复之。
总理十一时由协和医院迁回行辕。沿途平安。值夜如故。
总理来后精神较佳。

3. AM：37，112，30。

2 月 19 日（星期四）

总理服人参、黄耆，体略安。

8：36.5，104，26。

陆仲安方
黄耆（芪）半斤，党参四两，云苓五钱，□苑二两，石斛，白菊。

2月20日（星期五）

3. AM：36.8，116，26。
12. AM：37.4，120，32。
5. PM：38.2，120，32。

2月21日（星期六）

8：39，100，26。
忽起忽跌。
及夜尤有险象，癌扩、腰肿、神沮。
付34湘电，工会事。佩玉坠于协和院外缺小角。

2月22日（星期日）

电家，告湘翁养。

2月24日（星期二）

总理连日病势大变，今早已不能进饮食，且弱极，气促。各人惶恐，乃由汪、哲等婉叩遗言，以国事、党事付诸同志，奋斗完成三、五及建国大纲；以家事付托夫人。总理甚然各说，但云二、三日后乃签名字。犹呼起床进膳，然亦无力矣。

陆仲安、唐尧龄、周某三医来会诊、下药。遗嘱由汪、孔、廖、宋、哲知见。

总理睡熟……

下午八时，尚清醒，且云赴西山疗养。

接漾，古来电。付35。
发敬急告电，又敬申。

2 月 25 日（星期三）

今早各报载汪把持中医陆某事，并谓电朱险状，乃有政治意味，汪大恚，即要走，同人劝止，并即更正。

先生依然无大起色，午夜服唐医药亦无甚效，即改黄耆为□□。

汪先生拟侯先生大事稍毕，即出洋萃力学事，不问政治，云云。

付相片。接 15、16，即复 36。

2 月 26 日（星期四）

林天木与薛锦江带一葛心慈为先生用心电治疗（如催眠术一式）。到即催先生熟眠一刻，无可奈何中姑一试耳。同日有济南省王纶者电允来治，"谓已研究'干沙'病之治法（Anticarcinon)"。济南新华医院。

Anticarcinon→(1)(2)

大阪东区备后町二丁目

高木商店

胃癌、食道癌、直肠癌、子宫癌

买地学杂志全十五年，150 册，付粤。＄3250。

后付 37，续接 17。

2 月 27 日（星期五）

早值班，取药及水。

午后，出门一吸鲜空。

帅座早刻似稍轻快，但食减体弱，虽有葛某之心电治疗，亦无大效。济南之王某亦来诊，并携注射癌症药来，先生甚以为然。

夜后四时接班，闻先生竟夕不能安眠，然则注射之药亦无特效矣。可痛矣。

Anticarcinon 莴苣

Oshaka[1] Tokio[2]

Takagi Co.

---

① Oshaka，疑为 Osaka 大阪之误。

② Tokio，疑为 Tokyo 东京之误。

发感电。接五弟函，云已交妥岬金 8850 元。

2 月 28 日（星期六）

先生依然沉重。即往购海参、提子汁。中药停服。

午……往洗澡。

晚接班。先生按摩心电（葛心慈）一次；晚间四时后注射液一次。

三　月

3 月 1 日（星期日）

昨夕值班，故今早十一时始起床。……先生昨夕经过良好，又得王纶注射，今早觉有生机，渐趋和缓。即电湘翁（东），又致妹东电。

晚接值。听先生讲话，声甚洪，面现黄色。继续注射一次。

葛君心电亦未收效。

37，110，24。

3 月 2 日（星期一）

先生病稍佳，但仍极弱。思食白木耳。

竟日不安，头且生痛。陪彦华往谒交通部王季子，并去看屋。

晚接值如故。先生可安眠。

……

37，116，26。

致湘冬电，促即来。付 39 信。

3 月 3 日（星期二）

……

彦华赴津接何……

八时半起床，与各人照相后往协和，循例取各种食品、药品。

梅光培、朱卓文等来。

先生早欲起床，午安再注射。

朗如、彦华夫妇亦到。

发联义电，辞代表。付 40 信。

接联议十八函、十九信，云稍不豫，为念不已。

3月4日（星期三）

先生极轻快且强起床。

与廖夫人……

3月5日（星期四）

早午接值如故。先生无变化。

彦华云，朱卓文为彼言刘、陈言汪先生种种把持先生事，多年老同志不得见先生，乃彼私人，虽小孩亦得亲……闻竟不禁……

3月6日（星期五）

午前四时接班。及六时，先生感痛楚。乃唤醒子文，顷刻无事。

……

晚十二时接值。

3月7日（星期六）

早餐后与汪先生夫妇、邓七郎后园散步。午上值，午后往洗身，随访朗如，并留晚餐。

八时接值。先生略安。

37.5，116，32。

粤军得海丰、汕头。

付 41 信。

3月8日（星期日）

午接值。先生安适。

晚请汪夫妇、廖夫人、邓夫妇、李夫妇、陈德明等晚餐于新丰楼。汪先生苦极，今夕得少欢悦。

3月9日（星期一）

早往取药、买物。

午接值。先生肚胀、胃减。但陆仲安云，脉虽弱但仍可支持到来月。因注射事，汪、喆等与宋、孔几致冲突。

……

午夜犹未睡。得收，付42……午夜一时十分书。

3月10日（星期二）

先生气益促、肚益胀，医生束手，药石失效，并云已陷危重矣。

汪先生云，兄何忍走去，恐旁人更窃议于旁。我亦欲去，但无忍心耳。言罢泫然，我亦垂泪。

……

陈剑如认误言之错，我亦恕之。

昨夕至一时半始睡。……

早办公值班如故。

至夜十时，益险，脉搏至180，由克礼放水。呻吟竟夕。

热无定，脉160、152；32、28、26。

发函湘。……

3月11日（星期三）

午后各同志分别诀别。

战胜微颔首，又嘱勿扰百姓。

又遍问在粤各同志军队，汪答。

又续嘱夫人自珍重。

又续属之声云救国、和平、奋斗。

又对孔等云与恶魔战，现候天使接，并嘱看待宋夫人。

对廖夫人云教会自教会，党还党。

晨已不能进饮食，但神志极清。午签嘱后复集家人有遗言。少模糊，大部尚清。十二时十五分执夫人手签遗嘱。一、劝勉同志；二、薄产交与夫人，以薄产遗。

早：152，18，160，160，□，160，150，160，178。

发湘翁真电。

3月12日（星期四）

先生生日为丙寅十月初六寅时。

先生上午一时不能言语，最后语为"Dearly"、"精卫"二语。

四时十分，渐痰迷气促，悠然思归。六时，回复片刻。各同志分别入见。

九时半（巳时尾）大渐，汪、宋、孔、何、邹、大小宋、科、马、季等。

遗嘱要玻璃棺木，葬南京紫金山。

午将遗体用车载送协和医院施用保留手续。供灵行辕中座，只设生花，格拉罕、芳泽、各国人士、全体阁员均到。雁列送车，状至肃穆。

祭场定天坛或先农坛。

执政府停议，各机关下半旗志哀。全京震悼。

紫金山为明陵近地，先生迫欲有所寄托欤。

发文电。

午后六时往洗澡，赴西车站食餐，到东安市场买物。回付 44。与卓文谈至二时，皆先生历史也。

3 月 13 日（星期四）

早七时，赴协和医院守护遗体。各公使来吊，使馆半旗。

王未来商开祭地点，不主张中央公园。协、稚、子超与之冲突甚烈。

治丧处成立，协、孔、稚、曾、邹、汪、宋分别为主任。辞招待，政府送丧费六万元。

各报多表同情哀悼，有数报反对汪先生。

往院值夜。

3 月 14 日（星期六）

往院值班。

与朱卓文会名发卢县长电，请酌定举哀志念。

付 45 及报纸。

3 月 15 日（星期日）

协和医院为长久保全计，乃将先生遗体中肝脏等取出，脑亦去水分。视手术最多者戴、科、超俊，予甚不忍观也。

三时十分装棺。科、戴、宋在侧，予适值班，得亲视殓，面目犹生，视之凛然。

　　新法保存其价值，固可宝也，百年后犹能见之，云云。

　　彦华借用 1 百元。

3 月 17 日（星期二）

　　不用值班。

　　与彦华、朗如两度赴东安市场食斋。……

3 月 18 日（星期三）

　　筹备移灵忙了一天。

　　哲生因参军等反对黄某，大生气。我乃为之解释，群亦无语。

　　晚朗如请食夕餐，邓夫妇均在。

3 月 19 日（星期四）

　　八时起床，九时到协和，人马喧哗，一时挤塞。十时，由我等奉灵进协和礼堂。刘建芳主礼，徐季龙致唁，唱求主同居及□心呢歌，歌声悲惨，音乐变徵，不禁泪泗交下。家族即同堂祷告。十一时起行，由汪、吴、李协和、石曾、溥民、季龙、王、焦、于、邹、石等分组捧柩，状至肃敬，沿途挤拥异常，飞机凌空。入公园时已一句钟。群众聚者数万人。我衣皮故汗流浃背，进社稷坛大殿后，倦极。……

3 月 20 日（星期五）

　　五时起床后往灵堂侍值。十二时回行辕，后得 23 正、续两函，甚……

　　汪先生心脏病，昨日又劳顿故，今晨故进院休息或有别因欤？

　　我因劳顿失眠故，下午十时休息。……

3 月 21 日（星期六）

　　早六时起守灵。午与耀、邓、朗去十［什］刹海游，后复往丧堂。五时到邓寓，谈至七时，返寓餐后即睡，至二时起床，往守灵。

3 月 22 日（星期日）

七时返寓。午与耀祖再到公园，午后三时复接班。七时，王季子、铁朗夫妇行于联福对……十时回寓，大风刮目，车行甚苦，是日心绪亦极不快。

夕十二时复值班，三时回寓，病矣。

交朗如带 47 及皮。

3 月 23 日（星期一）

值班如旧。

午后与哲生谈近事并商终丧后办法。六时后往守灵，与彦华畅谈人生观。

接湘翁电，云来京抚棺一恸。

3 月 24 日（星期二）

先灵始祭，吊者如云、一时挤拥，遗体任人凭吊。及午后，尤人众。闻段亦畏人多不敢来，只派龚心湛代祭。李协和先向群众演说以揶揄之。云先生丰采众可瞻仰，但段不来诸君无由见段，云云。阶下之数万人鼓掌雷动。吾等亦终日栗六，劳顿至极。

吴稚晖联：闻道大笑之，下士应多异议；贻谋后死者，成功不必及身。

书 48。

3 月 25 日（星期三）

开祭第二日，各使团外人、广东同乡各校团、民众均得分班视柩，瞻仰颜色，一时挤拥。

……

3 月 26 日（星期四）

吊者更众，挽联如山积。

3 月 27 日（星期五）

吊者益众，可见孙先生主义入人之深矣。

……王报转县局及党部请提倡于翠坑① 为先生作纪念于庐墓，并建校作育人才。

连夕当班，今晚十二时回寓。

……

3月28日（星期六）

公园连日开放。故无论何人均可来拜见颜色。有师大及女大学生来祭，甚哀，予亦为之泪下。

午后，策、庆云、禄超、克夫自粤来吊。

值班时，杨名誉，即班白□，改名四海，亦自山海关来吊，并访予，谈一刻。予见其恳切，乃解所佩金相盒与之，亦缔袍之意也。

连日值班，风大而冷，甚怜惫蹶也。

3月29日（星期日）

禄超及一行来吊后,同回寓。送手套、皮鞋，及借皮半臂为伊御寒。

3月30日（星期一）

接车未得。

下午六时往起苏俄特送之铜棺，外观颇佳，但质地极薄，恐不耐久。

3月31日（星期二）

午前值班。

午后二时许，往车站接湘翁、思辕、少棠、朱三嫂等来京，即奔赴灵前，大恸。后赴行馆。

是日晴暖，但头痛不已。

晚赴客利晚餐。夜九时复上班。古泉带来儿女相片，喜不可已。别四月珠儿已成样矣。

---

① 翠坑，即孙中山先生故乡翠亨村。

四　月

4月1日（星期三）
闻港《大光晨报》造我与超俊之谣，即托思辕向卓文兄函更正。

4月2日（星期四）
移灵。

午前十时许，由社稷坛出发，由我等抬椓至公园外上协和车，经长安街出西直门。送殡约五万人，沿途观者不计其数。北大花圈队约四百学生前行，中为党员、党旗、相车，家属及各相关人员殿后。

三时，抵西山碧云寺，用缆车上白石塔之舍利佛龛安放。随行汽车约百余辆。

晚洗澡后，一觉安快之极。

4月3日（星期五）
与思辕等游天坛。
……

4月4日（星期六）
公团慰劳午餐。

4月5日（星期日）
先生再换木柩，镶玻璃。体用油浸防腐，改着麻斜猎装。
与襄翁等游颐和。晚七即请襄等晚餐。
发各报防谣电，合黄、马、邓、超、马、吴八人签名。

4月8日（星期三）国会开幕纪念
早乘津浦快车南下，九时十分开。

4月9日（星期四）
沿途车阻，缓极。

夜一时半抵南京。

4月10日（星期五）

早十时抵上海。

4月12日（星期日）

往 29 号谒各位，撮孙宅各片。

往公共运动场上海市民追悼会，场小人众，不能容足。

晚交皮大衣与焕庭存贮。□□招去。

4月13日（星期一）

赴党追悼大会。

4月14日（星期二）

早与湘翁、思辕、彦华夫妇、三嫂、少棠乘四川轮返粤,三时启行。

4月15日（星期三）

舟行，谈笑至为欣畅。

4月17日（星期五）

船抵汕头，与各人上岸赴粤总部谒许老总、仲恺、翼群，真如在座。午膳后往镇□街买夏布大□。

五　月

5月19日（星期二）

打倒刘杨。

5月27日（星期三）

省港工人大罢工。

六　月

6 月 1 日（星期一）

接河口币厂事。

6 月 23 日（星期二）

学生、工人巡行沙基，为英、法兵击群众，死数十人、伤数百人。

九　月

9 月 13 日（星期日）

到江门接市政专员兼警厅任。

9 月 23 日（星期三）

佩妹来信云病重，即日返省。

十　月

10 月 1 日（星期四）

佩妹入珠江颐养园割治。

10 月 25 日（星期日）

湘翁偕公博来江，同赴会城参观平山学校书楼，即回江返省。
江门市计划书草竣。

10 月 26 日（星期一）

接佩妹信，云珠儿病，并得湘翁电促归。乃往师部借船。及岸知船无带水、无煤、无记号，不敢行。

交通断绝，消息为梗。

……

10 月 27 日（星期二）

南路紧急，敌到公益。

闻中山失守，居素遇害。

宸臣在恩平亦被俘。

江门人心惶然，但幸未接近，稍安静。

心闷不已。

连夕不寐。

10 月 28 日（星期三）

真如赴前敌督战，敌万人我仅三千，只能保持原战，专候朱益之来援。

……

李仙根诗集

問政吾何敢嚴刘或許依寸丹今日苦恕尺十年違

社稷憂仍独舊生涯早挥八哀剛有賦回首昔人非

干德道訪遐翁不值高園杜鵑盛開徘徊久之

主人曾戲花間客未不理也

春在巴山草未蘇海蠕物候已全殊言尋俊綠高人

宅閒美許舒事繁花絢爛蘆游如見血

糢糊子規声裹芳菲节蹿躚東風不為娛

漱石画人於夏声健复及余酒斜健复先有詩

嗟和即謝主人萬東

絕雨遠雲事可歟感君惜取到殘州鄉姓中只有金樓

作物書有情自貫為詩易与阿固知对酒賞千里馳驱

小容安堂诗抄

《小容安堂诗抄》卷一[*]

第二次告别邑人忆录旧作

正是岐江风雪天，一舟临发意缠绵。
此身报国知何日，两度辞官尚少年。
容易消磨唯岁月，最难抛却是林泉。
行装剩有书盈箧，愧对流亡自俸钱。

甲戌生朝

打窗风雨正潇潇，心上秋多不自聊。
潦草生涯抛去日，谬悠尘梦数今朝。
头颅笑我依然在，松柏何人称后凋。
剩有忧时两眶泪，忧来真觉涌如潮。

杂述次展堂先生韵

其一

早岁从军行，所学叹未至。四载秣陵居，稍可识文字。
伸纸写秋蛇，摇笔和春思。白门多佳日，命俦复啸类。
高高双桐馆，君子不遐弃。岩岩延福尊，平生愿师事。

---

* 本卷用毛笔楷书抄录于印制的"小容安堂"绿丝栏 9 行书页上，共 18 页，
收录诗作 75 首。

多师是我师，窃欲解此意。晖吉矜瘦硬，独树八分帜。
只今叹孤陋，无复知书味。

其二

吾家秋波琴，百年亡复至。失喜告鹤翁，吾楼将易字。
一以纪先芬，一以托幽思。虽恨未能弹，终焉感物类。
我闻绿绮台，海雪死不弃。千里寄待公，素纸求绘事。
或有知音人，怜我弦外意。将此奉大雅，或更张吟帜。
书罢抚残徽，黝黝发古味。

其三

颐园近咫尺，隔日辄能至。论交托忘年，求师在一字。
去岁玉兰谢，莫慰安仁思。前岁秋梧凋，伤情同感类。
如何素心人，中道竟捐弃。叹逝已难堪，矧复抚时事。
悲来托弦歌，谁识弦中意。自从鹤南翔，重振诗坛帜。
两老相唱和，沉吟定有味。

其四

我爱遗民诗，情文叹兼至。有如读楚辞，离骚见字字。
南北四百家，卷卷多秋思。两函与十今，相从惜气类。
西山采蕨薇，自甘为世弃。岩野临命词，凛烈万古事。
蒲衣及秋河，无题托深意。匪如疑云集，只足张艳帜。
为恐吾未老，亲尝诗中味。

巡路北行至乐昌跨虎口栏下瞰武水诸泷宿金鸡岭 仍用前韵

平生非好游，山水偶然至。独恨不能文，纪游缺文字。
车轮碾万周，心头杂千思。九泷十八滩，斯境正相类。

似百^① 百忙人，山灵早见弃。石虎踞绝壁，张口为何事。
金鸡叫高岭，此声还有意。奇峰插天际，恍惚招隐帜。
几时谢尘俗，饫我山中味。

次展堂前韵呈石遗诗老

诗家重三陈，说诗公独至。浩浩十万言，持论严一字。
吴门刚介寿，忽动岭南思。杖履尽天涯，山川穷状类。
桂林既入手，罗浮安可弃。一日过寒斋，殷勤问游事。
我行殊草草，四岳仅寄意。不如公此行，游处张吟帜。
何尝溯北江，更饮曹溪味。

忆衡岳<small>次前韵</small>

去岁造衡岳，两日穷所至。脚踏祝融峰，碑寻禹王字。
云海荡心胸，山川抉情思。眼底望九疑，培塿正相类。
所以成其大，土壤不肯弃。登高睨八荒，宇宙是何事。
遥遥楚天长，脉脉灵均意。一柱建大纛，面面皆小帜。
今日重作歌，回忆有余味。

太华峰<small>次前韵</small>

世乱日以亟，五岳恐难至。我友远相招，书报平安字。
幞被造华阴，登高快游思。芙蓉拂太清，乃叹果出类。
幢峡不为险，苍龙便难弃。鼓勇造其巅，腰脚称能事。
仙境幸遭逢，山灵问来意。飘飘云中行，摇摇心上帜。
天风散襟怀，向晚足睡味。

---

① "似百"疑为"一似"。

泰山绝顶作 次前韵

绝顶凌泰岱，平地挟云至。仰瞻封禅坛，俯拾石峪字。
郁郁涧底松，凌霄有奇思。肤寸作霖雨，昭苏及万类。
黄河才一线，日落渐全弃。天鸡鸣一声，尘世乃多事。
登临小天下，夫子果何意。岂谓此峰高，众山皆纳帜。
不如没字碑，摩挲足深味。

寄呈展堂先生海外 仍次前韵

匆匆公西行，草草我北至。游方未及谈，录别亦无字。
小判又天涯，何以慰孺思。我怀樊南言，情犹敦锡类。
天下政大乱，公忍故乡弃。岂谓遂乘桴，公亦鄙其事。
剑南忧宗国，千首低徊意。海外有孑遗，久树吾党帜。
愿公息劳薪，且享殊方味。

送石遗老北行 仍用前韵

八十石遗翁，飘然岭外至。戒我叠均诗，贶我秋波字。
区区文字间，落落江湖思。我志不强同，我行求相类。
雕虫小技尔，久矣壮夫弃。永忆项生言，为兹无益事。
有作姑写心，有言只达意。翁诚雄万夫，不举时贤帜。
翁归太匆匆，欠参禅一味。

游从化温泉 仍用前韵

从化有温泉，游屐古鲜至。图经既阙略，乃罕及文字。
今晨息官私，休沐动游思。道逢水绘翁，素心惬同类。
我行半天下，远取近反弃。显晦见天时，冷暖喻世事。
山自向人青，水亦解人意。持此华清池，南北各一帜。
但惜嗜荔人，不来试风味。

重到金陵 用展堂先生原韵

江南有何缘，半载一再至。旧地感陈人，秘书嗤正字。
落落故人情，悠悠白云思。深柳已藏鸦，众芳杂芜类。
浩荡怨灵修，抚壮不秒弃。巍峨紫金山，悲怀十年事。
涕泪满山川，干戈岂天意。萁豆有馀灰，草木摇残帜。
偶过鼓楼西，重忆谈诗味。

游莫干山 仍用前韵

携儿游莫干，山水乐并至。堰桥数游鱼，碧坞走之字。
逶迤达幽深，潇洒出尘思。竹韵和泉□，鸟语合声类。
一峰刚到眼，背我忽如弃。入林才两日，夹衣已将事。
骤雨过岭来，群壑满秋意。山上富与贵，延僧树法帜。
独怜山下人，炎蒸岂甘味。

右臂甚创康侯自港来问左书答之 叠展堂先生杂述韵

冯子刚去港，骇汗喘息至。为闻折臂讯，怜及悬腕字。
失喜见平安，疾握察神思。偶忆民十三，创足正相类。
虽然屡当车，奋迅不自弃。痛定岂复思，行所若无事。

得失悟时顺，造化寓形意。冒公过我言，袋中勿纳帜。
叠均复左草，当有味外味。

过灞桥

灞桥旧是销魂地，牵惹情丝上柳条。
今日正怜桥上过，不销魂处也魂销。

记得渔洋过日诗，秋风秋雨极支离。
鸾飘凤泊何曾惯，也向桥头立片时。

西山道中至碧云寺

贪看野色故行徐，人与浮云共卷舒。
嫋嫋春光犹绕树，微微风力欲飘裾。
山川满目周遭处，家国伤心一梦馀。
咫尺桥陵弓剑在，十年回首重悲吁。

李履庵属题乡先哲鸠艾山人遗集

蝶梦方回闻鹧鸪，西林风景定无殊。
要将绚烂归平淡，拨墨淋漓写鼠姑。

别业城南不寂寥，二山红树晚萧萧。
只今重唤西边渡，隐约风雷吼怒潮。

迎阳十里石嶙峋，合与诗翁共结邻。
独怪山前豺虎恶，入林愁煞避秦人。

南海明珠久郁沉，凄凉异代有知音。
遗篇持向风前读，字字离骚屈宋心。

文虹诗社继南园，节概沙涌溯一源。
三百年来零落尽，凭君辛苦为招魂。

坪石南行买舟口占

午梦初回风日妍，推篷望处尽澄鲜。
人生好境知何似，且看春江下水船。

登泰山

五岳岩岩此独尊，登高吾已蹑三门。
鸿濛宇宙青为界，迢递关河白一痕。
怪石渐多名士篆，孤松宁为大夫存。
苍茫独立秦峰上，海气沉沉日又昏。

登华山

山势昆仑一脉延，终南太白欲齐肩。
群峰峻削空冥外，仙掌长悬日月边。
何处探源寻白帝，劫来搔首问青天。
凭崖西望长安地，历历兴亡在眼前。

车中望嵩岳_{登封县}

峻极崇高渺莫攀，却从望里识苍颜。

云横太室花千朵，翠绕中天玉一环。
行处匆忙疑缩地，即归难定不看山。
交期还与嵩君约，来岁春风可得闲。

拜湘翁墓

逶迤银牛岗，迢递沙和路。秋气一以肃，草木日非故。
抚序增怆凄，感往成忾慕。忆我平生欢，朝晞叹若露。
幽闳倏四霜，云霄邈永住。蔼蔼令德存，雍雍和风具。
公视余若弟，我视公如父。戮力图中兴，耿介异世趣。
时俗夸工巧，娥眉乃见妒。传檄走风雷，排难破霾雾。
九原不可作，悦亦哀国步。泰山嗟其颓，小草将焉附。
昔别维轻舟，今来凭邱墓。飞鸟为回翔，辕马为惊顾。
神灵或来格，晰睇摅情愫。再拜申绪言，泪洒梧桐树。

和协公乙亥七月生晨三首

一片冲和是寿人，清诗美政逐年新。
笙歌随分堪行乐，鱼鸟忘机总可亲。
谈笑有锋关世略，平居即事见天真。
我从时下论风谊，此老胸中迥绝尘。

登龙我愧洛阳才，但有明诗志未灰。
晴日一窗同啸嗷，桃花环路记徘徊。
心栖未必重萦梦，兴到何妨偶举杯。
启秀楼头山色好，馀霞笼翠入帘来。

月凉花醒意迟迟，为遣秋闲卷乍披。
天与多生增智慧，何妨一叟号支离。
忧时政自难缄口，触物谁能强展眉。

忏取铅华付弹指，维摩禅定已多时。

闻熊卓然游罗浮归吟诗甚苦书以慰之并简冒广生先生

高州有癯仙，卓然成夕秀。十载数交期，意味同兰臭。
怜君雅好吟，诗健身愈瘦。忽从罗浮归，清气满襟袖。
我闻四百峰，芙蓉罗锦绣。灵蝶自蹁跹，蓬莱或邂逅。
酥醪能醉人，云根忘机构。上有白练泉，下作云咸奏。
山亦有天浆，服之可益寿。百年才俯仰，岂必定勾漏。
念我幽忧集，形骸恐日陋。游山不辞远，临水不择候。
两载登三岳，江湖行欲透。堂堂此粤岳，有约竟先囿。
何时君再游，笠屐愿急就。笑我岭南人，乃在如皋后。

十月廿一日小极

服药闲眠日易沉，不知户外已秋深。
静参物理无穷变，细数江湖一片心。
浮世最怜旋磨蚁，生涯还是蠹书蟫。
居然回我儿时味，风雨寒螀伴苦吟。

丙子奉题湘翁遗集

自是得天公独厚，文章经济故能兼。
书成通会人俱老，诗秘初吟律已严。
冉冉灵修随浩荡，声声金石自方廉。
岭云今觉光如海，东国同珍缮宝缣。

遇合生平信不乖，追思竟日尽欢谐。
恒闻改命孚先信，敢为升堂得寸阶。

前事未忘存夙愿，遗编如诏定长怀。
瓣香此即渊源记，头白心期二九斋。

悼陆景韫兼慰匡文

闻道平阳折一枝，为怜续命已无丝。
而翁何计忘情得，凄惋陈王金瓠辞。

造化彭殇果信天，左思娇女最堪怜。
伤哉兰蕙随风萎，却逐飞蓬何处边。

敬题不匮室遗集

郁郁怀忧过百年，又弹双泪向遗篇。
春秋大义诗亡后，屈宋文章楚难前。
一事未忘归比兴，馀生积惨付雕镌。
杜陵得失关天下，持较青山只后先。

携珠儿游罗浮黄龙华首白鹤至冲虚观

未到罗浮先有诗，梅花清梦耐寻思。
山含露雨沉沉醉，云在峰峦款款飞。
芳草绿迷行客路，杜鹃红上野人衣。
芒鞋布袜平生愿，如此风光坐付谁。

行遍山南日未斜，一溪小立看流霞。
繁华早觉游仙枕，寂寞还开废苑花。
地僻尚堪容鸡鹜，山深应许有龙蛇。
翩然一只云中鹤，飞傍麻姑卖酒家。

一迳蓬莱入渺溟，万松深处隐黄庭。
仙人羽化留丹灶，学士鸿泥有草亭。
花木满园欣长养，乾坤一炁独含灵。
湛然身在虚无里，水自长流山自清。

髯公父子芳尘渺，八百年间我又来。
五岭湖山归谪宦，一家词赋尽仙才。
罗浮春好还思酒，叠韵诗成正落梅。
漫向此中论去住，但能心到即蓬莱。

闰三月游峡山宿飞来寺

国事身谋计早迂，眼前何物足欢娱。
清游喜及重三月，揽胜居然尽二禺。
古洞归猿云影外，澄潭金鲤劫灰馀。
飞来上有泉千尺，涤得尘心半点无。

胡主席挽词 拟改为哭胡展堂先生

痛极欲无语，情深难尽辞。国忧殊未已，天道竟如斯。
剑履古人义，功言百世师。一为吾党恸，岂独哭其私。

早忝程仇后，中年阅苦辛。辞枝惜残叶，在野念馀云。
体用知难副，言谭近更亲。金鞭悲不再，凄绝负恩身。

才有曹溪约，谁知隔死生。难逢春再闰，莫乞雨馀晴。
俗物败人意，空山负客行。只今过禺峡，腹痛蟪蛄声。

读后山诗

不匮先生逝后之五日，余奉命北行，舟次无聊，凄然有作。

寂寞空山花欲然，衣裳争忍作春妍。
瓣香为有渊源在，压卷低徊薄命篇。

琼璜珩瑀备于诗，何意千秋百世期。
得失媸妍供一笑，呕心原不使人痴。

曹洞禅心未易参，暗中摸索自醰醰。
闲吟岂是全无谓，解意谁人误四三。

堪笑狂儿未解春，插花走马逐轻尘。
不知梦醒春婆后，可有寻枝摘叶人。

已分乾坤一腐儒，割鲜供爨又何愚。
只将忧患资谈笑，六字持身或有馀。

解得文章忌数哀，复怜多病独登台。
明知心力缘诗尽，卢后王前心已灰。

燕雀啁噍各有随，田无二顷又何之。
白头宁惜供奔走，病羽褵褷欲退飞。

千年调苦黑头虫，白发缘愁至不公。
除却涪州黄别驾，几人青眼旧时同。

读王荆诗文 归舟作

迂阔可能窥孟子，独行不讳比商君。
赐还只道君恩误，谁识钟山咏月人。

故乡终念冶城潮，投老归来意已消。
只恐苍天重厄我，浮魂沉魄不堪招。

草没苔侵是故家，关陈议论太纷拏。
负恩且莫嗤江总，触目伤心到日斜。

羡汝系身在高处，风来风去故能鸣。
营营堪笑人间世，歌哭无端诉不平。

劫得春回花满枝，只忧花落又相悲。
世人但说春风好，正是春风作剧时。

鞠躬尽瘁支吴魏，一恸杨颙是故人。
独恨江流石不转，山川终古有啼痕。

平生临水登山处，不是忘机适意时。
乐国正怜愁有梦，此怀唯与故人知。

谪居岂遂忘天下，惨惨秋阴独闭门。
馀力尚堪寄骚怨，唤回残梦不须论。

翛然杖策一峰高，俯视云烟正郁陶。
敢谓不才明主弃，行歌还惜此身劳。

归去来兮白下门，舒封犹叹误明恩。
青天白日半山寺，闲与谢公争一墩。

胸中块磊郁难消，眼底人才尚叫嚣。
举世莫如新法意，断章取义罪青苗。

人当得意恒轻古，诗去陈言是道真。
不敢望韩韩在望，何因无益费精神。

鼻病重剧急割治之

为忆春申浦，病身罹国忧。几曾换通塞，渐觉等薰莸。
忍隐四年痛，难忘九世仇。刀圭今又试，疾首可能疗。

雪迦庵

木落霜高秋正阑，劫来相与尽清欢。
炷香绣佛情能遣，种果修园心易安。
漫惜苕华随逝水，正宜尊酒对群峦。
庵前蓦见花如雪，强借西风上鬓端。

九月廿一日

寂寂霜花晚更妍，可能相对万尘捐。
兰成智尽犹堪赋，白傅头斑私自怜。
浊世功名嘲画饼，平生知己有陈编。
形衰岂遂同枯木，只是秋来已惘然。

依韵和吹万

敢于身世论从违，何意狂云作怒飞。
老去只愁诗力退，时穷方悟道心微。
浅深情绪今能见，闲谈生涯各有归。
粗就一廛吾愿足，江湖虽好觉来非。

鹤老吟诗见赠依韵奉酬①

古法心声谁得似，炼丹函石拜嘉言。
能传妙道皆疯子，愧对名家是冢孙。
红叶闭门人未苦，碧梧栖老世忧喧。
勺园记有尊黄论，嫡派江西亦仅存。

送佛老②

浩淼秋波万里程，借将明月伴公行。
一身笑我迟留去，眯眼看人作送迎。
范水模山成往忆，蛮花狨鸟若为情。
从知此后关心处③，边际腾腾鼓角声。

今岁第四度至金陵

又是因人作远游，朔风吹雪上层楼。
耻谈感遇冯谖铗，寒恋当归季子裘。
浮世可能容独往，一身无在不怀忧。
忽闻警跸骊山火，西望长安特地愁。

---

① "鹤老吟诗见赠依韵奉酬"，车月峰编辑《李仙根诗文选·尤少纨轶事》（报纸剪贴本，以下简称"车版"，诗伯：《李仙根之诗兴》）作"和冒鹤亭"。
② "送佛老"，"车版"（诗伯：《李仙根之诗兴》）作"送萧佛老行次冒先生韵"。
③ "从知此后关心处"，"车版"（诗伯：《李仙根之诗兴》）作"悬知此后关心处"。

《小容安堂诗抄》卷二 *

乙亥杂忆

勺园风雅继怡园，述德深惭到耳孙。
记得惠君题句在，香山香瓣接江门。

吾家儒林公以清初移海之役，自新会始迁香山紫里。惺斋公儒修为一时之冠，官开平训导，著经义述，闻训士有方，世称"苍城铎响"，工诗书，有《小香亭稿》及《宦游草》，归田后辟怡园，著述其中。勉村公、剑山公悉承家学。剑山公喜音律，蓄秋波古琴，宋杨万里物，经明益藩更制者也。至菊水公，著述尤富，均见邑艺文志。"香山香瓣接江门"，惠学使士奇赠惺斋公句。

七叶芸香是旧称，清莲诗笔有传灯。
故家乔木今何在，世守楹书我未能。

吾家七代有专集。菊水公与方子谷、黄香石、黎二樵、黄芋洲、张崖山诸公最投契。二樵简题《勺园集》，有"青莲一灯，于兹未坠"语。谭康侯敬昭有"白香山后李香山"句。容安堂著稿总载邑艺文志，数十年来，蠹鱼兵火殆失去十之八九矣，勺园诗集原板及五代十国杂事诗仅得守存。

家庆更番晚翠堂，庭兰又茁一枝芳。
天怜节母应长乐，故晋蟠桃入寿觞。

余以生之岁，适重慈六旬庆寿，名予奉蟠，志喜也。

＊　本卷用毛笔楷书抄录于印制的"小容安堂"绿丝栏 9 行书页上，共 15 页，收录诗作 64 首。编者据剪报补入抄本所无的《乙亥杂忆》62 首，因此卷二共收诗作 126 首。

我方周岁母新瘥，捷报喧阗陋巷过。

贫最难成孤不易，重闱含泪说登科。

甲午家大人举于乡榜，门联云"贫最难成，孤最难成，虑无成也渐成，慈训三迁，乡里共称贞节母；文不该中，命不该中，话唔中亦幸中，鹏程万里，皇天不负苦心人。

狂妄粗豪宁近侠，咿唔呫哗耻为儒。

记从儿戏趋庭罢，讲武亭前读禁书。

革命思潮趋吾邑，党人多属世谊，时来过从。宅后有演武亭，高、徐二姓人多为会党，予少时好弄，尝从习技，因得阅禁书，有革命之想。

起看月涌大江流，剑气书声共一楼。

记得中原初逐鹿，蛟龙激荡怒潮秋。

余考入黄埔陆军小学校，有水亭榜书："月涌大江流"。周、陈、刘诸同学参加戊庚诸役，一时风起云涌。至辛亥，全体行矣，事至悲壮，予尝与焉，林叔慧、邓仲元两师最相许。

慷慨悲歌马不前，空将壮志望幽燕。

绝裾记得慈人语，若比终军少一年。

辛亥予年十九，绝裾事有隐痛，不堪自招，时北伐停止，予率学生军亦解散。

兵火馀生不自怜，故山风物尚依然。

归来喜及中秋节，人与银蟾一样圆。

壬子离陆军司还乡，初见佩茇于承德堂。

随世宁期早立名，一书一剑赋东征。

岐江尚记沉沉夜，五字河梁最有情。

壬子东渡求学别故园。

敢比少文行万里，漫言博望赋乘槎。

明知信笑非吾土，年少原来不忆家。

放歌但唱大刀头，墨盾磨人又一秋。

尺半鲥鱼村酿美，传觞犹记阅江楼。

端州军次。

四月春申尚薄寒，一舟临水客心酸。

何时得税王尼驾，对此横流泪未干。

春申归舟。

我与西湖初识面，江南春好并肩时。

十年真觉兹游乐，楚尾吴头一月嬉。

丙寅偕佩莪漫游上海、杭州、苏州、无锡、南京，自谓此生未尝
有之乐。

岭南报道稀烽火，浩荡湘沅十万驱。

正好天河秋洗甲，铙歌齐唱夜吞吴。

丙寅七月，大军北伐，寻克湘鄂。

曾随使节渡秦关，水驿山程行路难。

才过龙沙秋已老，华林高处不胜寒。

丙寅九月，随古公湘鄂赣劳军，会蒋同志于奉新。

此去真成万里游，红泥半载印三洲。

他山敢谓资攻错，第一平生爱自由。

戊辰随湘翁游世界一周，先至美联邦，后漫游欧陆。

莫笑谈瀛气味长，看春一路到重阳。

秋心未共江湖尽，归及黄花晚节香。

九月回国归省。

江柳江花六代愁，四年何计此淹留。

云烟过眼都如梦，最忆湖山一段秋。

戊辰移金陵，居及四载，经历至多，后湖秋意，入感尤深，琐琐平生，不复有记。

梦回香国春三月，薄命风花剩几枝。

不是无情忍离散，飘零已定未开时。

庚午记事。湘翁致予书云,翌赞之不终,岂独无内疚乎? 其心苦矣。

双清秋梦竞诗娱，一老青山兴不孤。

长记白门春欲暮，拾题忙煞小三吾。

不匮先生幽居白门，大厂居士云我辈应以诗娱此老。

我方一病支离甚，噩耗传来恐未真。

谁意将军歌舞里，九边斜日看沉沦。

辛未记事。创巨痛深，于今为烈。

平生风义友兼师，廿载龙门早受知。

痛隐秣陵初脱樊，凭棺长恨我归迟。

二十年十一月哭古湘翁。

一舟临发不胜情，小别谁知隔死生。

孤馆桐阴秋又暮，羊昙空有泪纵横。

壬申怀古湘翁。

近郊一水最清漪，九曲湾环卅亩基。

便有庄周濠濮想，逍遥容与立多时。

东南郊外有地卅亩基，山环水绕，极水村风景之胜，予少时最爱其处，流连忘返。

山真隐隐水迢迢，十里松堤间绿蕉。

最爱晚黄榕树下，闲看人散宋皇桥。

迎阳石上昔题诗，为爱风光坐翠微。
今日苍苔记行迹，人间何世我为谁。
先大人重修迎阳石，辟石铭山馆，少时常在馆读书，薄暮始去。

西林接迹到东林，避世犹嫌山未深。
一自江湖沦落后，等闲消尽濯缨心。
居近西林，迎阳石在东林，山不深而林木四时可爱。先大人晚号
西林樵叟，予僭号西林樵子，何日归樵，心殊怏怏。

隐迹搜寻伍瑞隆，少城别业句偏工。
西林是我闲游地，红蓼花时秋正中。
明伍瑞隆兵宪国亡后隐艾鸠山中，即西林，山下二阜秋日水蓉花
开，风致佳绝。

贵峰远映到门楣，锦盼楼前水翠披。
一雨横塘春涨满，游鳞轻唼柳枝低。
自家园地。

东南不少佳山水，锦簇花团是桂峰。
一水西流分冷暖，凤凰叠巘翠千重。
五桂山温泉，凤凰山。

拜墓年年上阜峰，纸钱轻飏落花风。
斜阳渐向西河路，塔影浮江过沥涌。
阜峰有七层塔，明万历建山上，始迁祖墓在。

果然城市有山林，鹜子春泉冷洗心。
闲过众香亭小坐，松篁默默做秋阴。
三元宫、三元泉、隐泉、众香亭。

南河一水碧迢迢，荇藻牵风上画桡。
隐约曲终人不见，垂杨影里过西桥。

南河舟泛。

　　　　虎逊岩前碧藓滋，轻扶绿影上春衣。
　　　　游人坐恋风光好，不到斜阳不肯归。
西便虎逊岩，少时常爱游此。

　　　　叆叇莲峰五色云，江城如画入斜曛。
　　　　一湾锦水芙蓉障，美尽东南两派分。
莲峰山。

　　　　寻春春在石岐头，水软山温人意柔。
　　　　最爱雨丝风片里，微波轻桨渡长洲。
烟洲渡。

　　　　寿星塘畔剩孤塍，吊古苍茫意不胜。
　　　　一自厓门天地改，岂堪遗迹问疑陵。
宋疑陵在南城外寿星塘侧。

　　　　地老天荒剧可哀，小桥流水满蒿莱。
　　　　千年但剩青青树，曾见翠华南幸来。
天王桥在南门外一里许，宋端宗经行处，有树常青如盖。

　　　　帝子间关路万重，依稀行阙认沙涌。
　　　　侍郎尚有遗风在，宋史传疑至不公。
宋张世杰奉端宗遵海至香山沙涌，马南宝迎驾饷军，馆于其家。

　　　　七星瑞拱一峰尊，晓日笼烟万象暄。
　　　　舍宅沉沙陈学博，千年灵爽镇山门。
县衙后仁山山后有陈公墓，宋陈天觉舍宅建城衙。

　　　　火凤颓虬缀满枝，行人能道马家基。
　　　　自从帝子思量后，三月先红宋荔枝。

马南宝故里荔子最先熟，名三月红。

　　　乌岩深密是桃源，百战江山岂幸存。
　　　咫尺波涛残照里，孤怀犹得对崖门。
　　荔枝山是宋臣邓光荐隐处，对海为崖门。文山纪年录，祥兴二年三月廿二日，与崖山朝士邓光荐俱发广州。

　　　侍郎振古称奇表，翁婿觥觥媲大忠。
　　　试上黄杨高处望，一山一石亦英雄。
　　马侍郎墓地在黄梁都也字山。侍郎为陈天觉女夫。杨仲玉亦侍郎女夫，炎兴二年与张弘范战于南澳，不克，死绥，尸流至黄杨山，土人掩葬之。

　　　金星门外接沧溟，独照崖山一点青。
　　　千古波涛风雨夜，犹疑呜咽叹零丁。
　　金星门外即零丁洋，文丞相赋诗处。

　　　文献开先溯郑愚，意园丽泽有遗书。
　　　一篇孝弟传雍陌，踵武临流徐隐居。
　　宋杨仲玉、杨幼行著述见邑志。赵意翁后推郑子纲《孝弟集》。徐澜若，麻洲人，有《临流集》。

　　　不数江东大小乔，陈娘义烈薄云霄。
　　　寸心已共山河碎，此志难随霜雪消。
　　陈天觉女字积善，妻宋宣义郎高添。添随端宗赴碙州，死于军。积善守节五十年。马南宝亦天觉女夫。

　　　千顷汪波山海斋，粤洲家学自双槐。
　　　泰泉一脉渊源在，曼衍文澜壮粤涯。
　　黄经，字子常，麻洲人，筑稽古堂于东林，号山海子。双槐、粤洲、泰泉称香山三乡贤。

润州太守郑一岳，国难当前身便殉。
腰剑离离流古血，莲塘风雨走青燐。

郑一岳，崇祯十一年为丹徒令，满寇至，死之。年仅四十三，腰剑藏莲塘家庙。

文明揽胜数何李，更有诗人鸠艾翁。
谏草若寻天启末，本潜风节见桐封。

小榄李孙宸、何吾驺、伍国开，文章经济冠绝一时。卢兆龙，字本潜，天启末掌谏垣，八年风骨棱棱多所建白，著《桐封集》。

岭南四子称杨晋，早乞闲身侣白鸥。
序次东园有公论，首阳原不属西周。

杨晋，字子画，与黎美周，张家玉、梁未央结社白云山，号"岭南四子"。御史黄鹤仙为撰家传称"明遗逸"。

镜濠旧是逋逃薮，妈阁招提住十今。
岂谓安居心便死，迹删犹为忆东林。

明亡后遗老逃澳门，住妈阁寺，今庙中尚有十今墨迹。迹删和尚卓锡再移普济禅院。石岐东林庵在下河泊。

啸龙跨过云梯岭，翠嶂宠岈是虎头。
浩荡乾坤灵气在，万重山水一星浮。

过翠坑孙总理故乡。啸龙岭、云梯岭、虎头嶙均翠坑附近山名。金星门朝拱东南，桂峰峙障西北。山明水秀，民风朴厚，钟灵毓秀，非偶然也。

菜根风味忆儿时，更爱吾乡锦荔枝。
长记鲤庭亲赐膳，为言甘苦自家知。

锦荔枝即苦瓜，先大人最嗜之，尝云："瓜自苦而不苦人，有君子之风。"

岁岁思亲月在辜，暮年握瑾复怀瑜。
何时得托丹青手，补写香山九老图。

先大人以十一月岳降壬子，后每以此日集邑中耆旧汪半樵、杨爱楼、黄少东、杨翰廷、李鹿门、李寿山、李心湖、张仲弼诸公仿香山九老会于知稼圃，文酒之会，为乐至多。

戛玉鸣金七代传，广陵绝响百年前。
珠还且当馨香荐，对比秋波定冁然。

拾月山房蓄明益藩戛玉鸣金古琴，铭曰秋波，亡失百馀年，由何氏辗转入缪世丈凤群家，今夏慨然归还，此则先君子梦寐不忘者，亦数十年，珠还合浦，剑复延平，告之先灵，定当一慰。此世宝益不敢忘，因以“秋波”名吾室，更以“秋波”记吾诗，使先人流风馀泽绍我孙子，垂之后裔。

吾叔倦游归万里，鬻书还遣有涯生。
石人岂但开风气，五十年前旧著名。

胞叔恩富，十二龄派遣美国留学，得文学士位，与唐少川先生等同时由星使陈兰彬带赴美国，在外五十年，前岁返国，精健异常，现仍任洋文日报编辑，叔英文文学深邃，美人亦推为前辈。

吾家坠简沧桑后，辛苦搜求近十年。
掇拾残丛馀涕泪，父书愧读况承先。

寒家藏书甚富，勺园尤盛。百余年来，不毁于火即劫于蠹，仅存书目。先大人稍事辑补，不意逝世未几，又复痛遭兵燹，遂乃荡然。余克承先志，肆意搜求，微有所蓄，然亦仅矣。伤哉，文化之厄也。

屏除伪体求端肃，瘦硬通神先正心。
不与时贤竞姿媚，祖庭书法是金针。

菊水祖精研心画，书法晋贤，下笔不苟，其论书有云：“迩贤竞伪体，姿媚趁流俗。神通贵瘦硬，心正必端肃。意会手不随，庶几远甜熟。”予今得公法书数事，旦夕揣摩，颇有所会。

勺园我祖论书法，兴会偶到真性随。
清若横琴答山水，快如利剑斫蛟螭。
勺园祖答人问诗云："兴会偶然到，性情于此真。"又曰："横琴
答山水，快剑斫蛟螭。万卷今朝破，看君下笔为。"

愁心病鬓今朝过，依旧槐安梦里人。
鼎鼎百年容易逝，也需料理苦吟身。
忽忽四十三春秋始学诗，苦甚。

颐园主客近如何，画意诗情乐一窠。
念我荒斋萧索甚，可怜怀抱已无多。
冒鹤翁有颐园主客图记，余月馀不至，主人当将诗句责我食言。

学书拾绪双桐馆，更爱曹全到石门。
偶过隋斋忆秋谷，随山一脉有渊源。
双桐书法过度安定，自是大家，晖吉矜其瘦硬。隋斋风韵，吴郡
峻峭，湘翁云正是随山一脉渊源。

莽莽乾坤岁又阑，愁看水剩与山残。[①]
十年揽辔澄清志，猛忆秋深黄木湾。

不谓匈奴犹未灭，同心同志又何惭。
慈人博得些些慰，教妇初来事事谙。

慈亲望六始含饴，棠棣连年发几枝。
恰值五星奎聚日，得男报喜请名时。

国事身谋未有涯，南飞燕羽又差池。
嬉游肯逐摩天翮，不谓蛮蛮亦念饥。

少年哀乐过于人，肝胆论交处处真。
今日鬓丝添几许，相逢道故各酸辛。

最怜社贼纪刘冯，义塚何因号木龙。
三百年来冤未雪，吾乡谁识有孤忠。

小戏偶同鱼在藻，晚寒宁叹鹊无枝。
最怜风雨荒江夜，拥鼻吟成览揆诗。

甲马旌旗耀七星，一江风峭浪花腥。
自从丑虏深宵遁，依旧春风满郡城。

不辞一载赴戎旃，许我葵倾向日情。
不分元戎老谋国，百年遗恨说东征。

十年废剑闻鸡舞，此日犹堪张一军。
独惜龙沙沦浩劫，烦冤新鬼半同群。

鼠穴潜穿鸟脱樊，高张群盗海天翻。
生还我亦嗟行路，一月优悠是主恩。

两年戎马近天颜，幕府清才见一班。
兵火惊传乡讯至，军书衔命我还山。

捧檄欣然返铁城，故园松菊各峥嵘。
官闲可是因民乐，诗思兹来故故清。

归及东风花满城，春光宜雨更宜晴。
刺桐正喜青青叶，婉丽暾暾劝早耕。

难持酒钥开眉销①，长把心机织鬓丝。
看到蔷薇花事了，小园簇簇是将离。

肃肃秋霜赋远征，短衣匹马意难胜。
眼看一发中原影，如此江山愁又生。

汉城旧在莲花岭，若问曲红人不知。
万世千秋想风度，韶楼更忆许浑诗。

岭上梅花早未逢，先探幽艳到芙蓉。
元戎忧国犹闲豫，来听云山古寺钟。

又随鞍镫出郊行，策策西风战伐声。
好向曹溪寻法乳，南华禅蜕尚峥嵘。

拍张奴辈早高官，侠骨沙河定已寒。
今日虎头门下过，有人挥涕感千端。

正嫌诗少幽燕气，廿载依稀梦未殊。
痛忆老亲旧词句，一天风雪过津沽。

真觉春明是梦游，苍茫百感复千忧。
天荒地老薇垣坠，不为苍生十载留。

春去燕台客亦归，古城寂历剩斜晖。
一肩行李萧疏意，两岸青山相向飞。

南北风尘不计程，年来情重别离轻。
鸣洋野火维舟夜，一片伤心画不成。

---

① "销"疑为"锁"。

麻姑眼底几沧桑，念此劳民汔小康。
收拾山河刚半壁，天南开府正堂堂。

徙薪曲突嗟何补，刻木牵丝拙笑人。
铜马赤眉已符谶，朱三王八自陈陈。

半岁三迁笑我忙，依然歧路一亡羊。
再来冯妇知何似，补屋牵萝只自伤。

鼠牙雀角竟纷呶，最难黑白辨群狐。
清时我亦飞扬甚，风雪浔阳夜载途。

隔江□氾正交兵，李怨牛恩总未明。
一自罡星天外落，万人翘首望中兴。

人犹健讼邓思贤，烂额焦头功占先。
盘踞有人矜得地，一时真个口薰天。

城狐得意复磨牙，飘泊深怜又去家。
两月倦游归亦苦，依然咫尺是天涯。

日日丹丘望赤城，狂流汹涌见狰狞。
乱离无计存妻子，制泪相逢似再生。

饥躯两月滞京师，择事宁教俗物讥。
我自横刀向天啸，去留轻重寸心知。

从来谁贵抱关人，布褐蒙璠愿致身。
收拾名心沧海去，烟云娱我一番新。

海外忽闻收冀北，喜心挥涕对沧溟。

何因破竹长驱势，受阻……① 痛历城。

煮粥焚须今已矣，乘龙愈贵竟愈难。
最怜老母龙钟甚，痛抚三雏泪不干。

掌珠初得时堪纪，襁褓何曾去乱离。
重睹四方清晏日，慰情又喜茁新枝。

高处置身仍伴食，山河南北怅乖离。
近年一事差堪道，国庆声中更得儿。

可怜四海又扬波，起陆龙蛇看② 意阿。
我亦四郊叹多垒，红羊换劫几蹉跎。

我爱小李将军画，康侯同来谈③ 画风。
学画学书同一理，取法乎上得其中。

每以薄游成久住，是真无事自忙身。
年年此日多回忆，满目黄花来笑人。

遇风残叶忍辞枝，雪压霜欺又一时。
莫问题红当日事，上林好景已全非。

谁谓师言非敌手，死中求活是全棋。
饶人一着知何补，数子抛残已足悲。

咫尺佗④ 城不算归，五年心逐白云飞。

---

① 原文如此。
② "看"疑为"着"。
③ "谈"疑为"论"。
④ "佗"疑为"佗"。

浪淘多少英雄去，填海精禽力已微。

卷土重来此一时，闲曹置我未为非。
最怜老夫勌劳甚，两载河鱼病讳医。

小草何因得艳名，庄生晓梦不分明。
若教飞向花田去，宛宛香魂伴素馨。

夏至龙牙午饭香，龙松蕹菜并离塘。
榕阴正好团团坐，重酝浓斟擘小娘。

访古闲寻官富场，赵家行阙久荒凉。
人民城郭皆非旧，恍惚神祠尚姓杨。

海气昏昏跃鲤门，九龙山下梅花村。
将军逐鹿归来后，野老能谭邓仲元。

不拟米颠拜顽石，竭来独漉访遗碑。
宋王台上苍茫感，入望江山已变夷。

神话无稽杯渡寺，春游结伴好扬舲。
名山且当知交看，慰我深愁分外青。

珠书吉语啐盆登，蓬矢桑弧志可征。
四十年来仍故我，勤宣令德又何曾。

我生之初天梦梦，我生之后国本动。
欲问吾家太白翁，天之生我果何用。

始学蒙求仗阿兄，敢夸头角早峥嵘。
慈人一点娱亲意，命笔开先写策名。

草草移家入市廛，客来沽酒正相便。
人生难得团圆乐，辛苦慈亲远放船。

家贫亲老涉重洋，难得瓜期归故乡。
养志却嫌门近市，卜居新榜菜根香。

少年真个不知愁，语不惊人总不休。
足下风云矜得句，袷① 衣初上五层楼。

苍颉造字鬼伊戚，人生识字讨苦吃。
我书足以记姓名，投笔去学万人敌。

追思失怙泪盈裾，子职深惭十载疏。
升斗正谋弥此憾，鞠凶何意竟愁予。

读史爱寻游侠传，缮经深讳蓼莪篇。
鹪鹩小寄曾何恋，听到鹎鸣更黯然。

兵火仓皇又播迁，虫沙猿鹤在俄延。
倾囊且买轻舟去，老弱扶持赖妇贤。

远志正甘为小草，故车宁遣作劳薪。
男儿意得翻辞早，鲑菜猪肝怕累人。

赤羽纷纷露布驰，间关白马共兴师。
江东子弟多豪俊，垓下悲歌事已迟。

草草生来草草时，只因草草自家知。
咏歌虚拟中兴赋，百首编年纪梦诗。

---

① "袷"疑为"袷"。

《小容安堂诗抄》卷三 *

观物效执信

荻苗难作絮，其豆本同根。不道蚕成茧，真愁虱处裈。
献能怜舞马，应势急腾猿。可叹穷狐鼠，须臾亦噬吞。

水浊悯喻鱼，朝三怒众狙。蹄涔难尺鲤，鼠壤有馀蔬。
感物宁堪赋，窃弓应大书。忘形方执翳，遮莫羡高居。

芷佩难忘楚，芸黄但愍周。落花悲返树，散木侥成舟。
尺玉非终弃，明珠遂暗投。须知天上雨，覆地不能收。

何事苦咨嗟，桑榆日易斜。兰幽甘在谷，蓬曲未依麻。
鸡鹜纷争食，鲠鲲但建邪。可怜青白下，犹见鬼成车。

答吹万

鸣笳铁马动飞尘，谁喻江滨跂步人。
种菜自怜今日意，看花犹忆去年春。
时危渐觉诗书贱，世乱方知气类真。
亦欲与君谭出处，只愁按剑亦无因。

---

* 本卷抄本共 21 页，1～10 页毛笔楷书抄录于印制的"小容安堂"绿丝栏 9
　行书页上；11～21 页钢笔行书抄于 22×22＝484 绿色方格原稿纸上。共收
　诗作 137 首。

三月十二日感赋

没齿难忘正命时，十年对越一编遗。
报书记惜追穷寇，同轨虚劳格丑夷。
体国心为天下见，彻泉泪岂党人私。
宗邦不绝今如缕，赫赫威灵傥有知。

六月返破庐

书生敢谓关天下，十载瘁忧有泪知。
托命正愁鱼在俎，乍归犹似鹊寻枝。
巢倾不分求完卵，劫重宁能病举棋。
破甑未堪重一顾，只怜满目是疮痍。

参政和卢前

人材金玉别刚柔，万派支分已合流。
不谓苔岑原异契，最难风雨又同舟。
忘思愚者抒千虑，欲为苍生解百忧。
今日莫挥闲涕泪，与君戮力复神州。

明泰游学夏威夷书以遗之

记汝悬弧命字时，如今长大我舒眉。先考命名明泰，字
敢言夙夜曾无忝，总算生平又一痴。曰连珠、志庆。
客路自劳慈母念，箧书毋负祖翁遗。
此邦吾亦经游地，珍重天涯慰所思。

卓然贫病交迫恨不能助诗以慰之

十载谭谐畅，干戈各一天。眉舒难此日，心苦话当年。
诗卷闲中富，交情乱后牵。寒家随劫去，身健只相怜。

赠李伟

相逢诚意外，之子实清真。奇气搴眉出，文心抉胆陈。
风云吾道迥，茗酒异乡亲，何日干戈息，安居愿结邻。

秋怀　和吹万荆园秋感韵

世难悲随秋共深，严城斜日正愔愔。
为怜故国蒙尘劫，谁信神州遂陆沉。
万里关河萦昔梦，廿年书剑负初心。
掠头怕听霜天鹤，声入愁人苦不任。

无复闲窗辨古肥，难将诗句绊馀晖。
梦回孤馆蝉方咽，目断长空雁未归。
寥落渐教生事蹙，乱离真觉故人稀。
桑榆有策休嫌晚，剩向新亭泪浪挥。

铜狄摩挲五百年，红羊换劫复依然。
关心草木经霜后，满目山川落照前。
野哭只今多战鬼，闲吟无那托游仙。
微闻仰屋人兴叹，莫乞标黄贯朽钱。

可怜幅裂又区分，阵阵崩摧不忍闻。
九世大仇同誓日，千寻怨气已排云。
宁乱穷变通能久，岂谓抽丝治益棼。

有客更阑愁不寐，卧看刁斗澈苍旻。

西风吹泪不成行，绝雨还云独感伤。
秉节昔难司马燧，偏师今重夏侯详。
空闻翠鸟栖南海，又见长蛇走北邙。
穷野高秋愁极目，中原龙战已千场。

苦战千门痛陨师，龙蟠虎踞耐人思。
狝禽薙草知何日，怒发冲冠最此时。
回首可怜佳丽地，伤心怕诵黍苗诗。
兰成哀后无辞赋，剩欲登高一叹息。

佛言弹指百千劫，积惨馀生幸已多。
默默寸心常自警，漫漫长夜独悲歌。
闲情早被春将去，世事真成梦易过。
破碎河山惆怅在，十年回首总蹉跎。

问天天亦悄无言，伸纸含毫莫写冤。
为傍风尘怜晚节，不胜萧瑟怆秋魂。
阶前败叶犹相覆，篱落疏花是幸存。
为感芳馨易销歇，种兰故故避当门。

支韵再赋一首

苦恨江淮未济师，二陵风雨系人思。
愁看纵骑横行日，不似伤鳞入梦时。
南渡独深臣子恨，北征终践示儿诗。
祖生击楫非无意，莫便临流付一噫。

喜伯芹剑泉生还

鬓白生还日，英威更俨然。护军常殿后，杀敌必当先。
已拚为灰烬，何堪作瓦全。渑池终奋翼，伫听凯歌旋。

丁丑礼顿山道除夕①

卖剩痴呆还守岁，强将欢悦迓来年。
何曾有地营三窟，不谓安身就一廛。②
日月逝如蛇赴壑，捷音望似骥奔泉。
居人不忘椒花颂，敬为宗邦祝祚延。

南方　和叶遐翁韵

南方好景真堪恋，东海扬尘世既遥。
天地视同蒙叟指，乾坤掷共舍人骁。
云山已觉辽辽隔，想梦应难旋旋消。
留得千年颜色在，红棉深处九重标。

读明季野史

苍生憔悴倅臣豪，众女欢娱帝子劳。
省识多藏无益戒，堂堂嘉定愧徐高。劝助饷③

---

① "车版"题作《丁丑除夕》。
② "何曾有地营三窟，不谓安身就一廛"句，"车版"作"妖氛定向驱傩
　尽，兵火宁教列炬燃"。
③ 《读明季野史》各诗之小题，据"车版"补。

九殿鸣钲贼献俘，狼争虎夺假皇姑。
柔肠侠气欢筵上，愧尽人间大丈夫①。费宫人刺虎

私寓空棺复树旌，死犹作伪况平生②。
谁知身在句容道，送与仇家当狗烹③。杨维垣伪死

白发渐生心未老，有官还可乐馀年。
如何死向仙霞岭，黑房空传燕子笺。阮大铖降虏

牛马本来皆畜类，阮刘岂便是神仙④。
怪他小小彭司谏⑤，曲解文官不要钱。彭御史

浪子东林有学斋，老犹放荡是形骸。
鸿篇别见招降檄⑥，天与人归句未谐。钱谦益招降杨友龙

剃武原来不剃文，南都群小枉纷纭。
堂堂一个李兵部，愧煞诸生殷献臣。李乔受斥

前门拒虎后门狼，各有肺肝清议堂⑦。
已见射人先射马，所嗟擒贼未擒王。清要堂会

总兵已反刘良佐，大节还亏黄得功⑧。
衮衮公侯何足数，藩王只识赵之龙。南都陷

---

① "愧尽人间大丈夫"句，"车版"作"愧尽盈朝大丈夫"。
② "私寓空棺复树旌，死犹作伪况平生"句，"车版"作"私寓空棺复竖旌，死犹虚伪况平生"。
③ "送与仇家当狗烹"句，"车版"作"亲与仇家当狗烹"。
④ "阮刘岂便是神仙"句，"车版"作"阮刘岂是便神仙"。
⑤ "怪他小小彭司谏"句，"车版"作"怪他小小彭台谏"。
⑥ "鸿篇别见招降檄"句，"车版"作"鸿文别见招降檄"。
⑦ "各有肺肝清议堂"句，"车版"作"各有鬼胎清议堂"。
⑧ "大节还亏黄得功"句，"车版"作"大义还亏黄得功"。

贰臣无耻谈兴废，奉使孤忠鼎镬甘。①
冷魄寸丹归路迥，可怜犹在望江南②。左公死节

英雄义不受人怜，却造查家风雪缘。
铁丐一朝看暴贵③，八驺亲迓孝廉船。查伊璜巧合吴六奇

南庵轰烈见双忠，死去应知是鬼雄。④
但有心情殊未了，所悲不见九州同⑤。陶庵死事

南部烟花绕禁墙，左府长秋各自忙。
不问苍生偏问马，可怜嘻笑作降王。

答黄密弓韵

我惭大辩到无声，失喜书来得共鸣。
正则离忧初去国，杜陵诗苦未收京。
东风吹绿方裁怨，深雨迷花渐斗英。
沧海横流向何处，白云亲舍正闻兵。

闻道四首

闻道金汤弃，繁华葬虏尘⑥。玃猥伸厉爪，池沼满伤鳞。
荡荡狼过市，昏昏鬼吓人。沉哀庾信赋，一读一酸辛。

---

① "贰臣无耻谈兴废，奉使孤忠鼎镬甘"句，"车版"作"遗臣无耻谈兴废，奉使孤臣鼎镬甘"。
② "可怜犹在望江南"句，"车版"作"可怜犹自望江南"。
③ "铁丐一朝看暴贵"句，"车版"作"铁丐为伥今暴贵"。
④ "南庵轰烈见双忠，死去应知是鬼雄"句，"车版"作"南庵轰烈是双忠，死去应知作鬼雄"。
⑤ "所悲不见九州同"句，"车版"作"所悲不与九州同"。
⑥ "繁华葬虏尘"句，《李仙根致郑彼岸函》（李仙根手书，时间不详，中山市地方志办公室藏）作"京华委虏尘"。

闻道穷黎恨，天阍叩不应。旌旗空照影，血泪已成冰。
有盗方憎主，无家只羡僧。深悲荆棘里，望处是桥陵。

闻道台城下，搜牢及远黎①。流亡逢猘犬，遍索到荒鸡。
骸积良家子，冤沉户伯妻。白门秋草没，凄绝夜乌啼。

绝岛毛人耳，跳梁尔许骄。飞机衔雁阵，战舰涌秋潮。
蝼蚁才封穴，螳螂欲捕蜩。攫擒终有待，悬此以为标。

赠阮某

中原天渐小，尔乃滞风尘。
已自穷三妙，《小学绀珠》：三妙舌刀笔。何因善一身。
交论云水外，诗爱性情真。人海谁端士，谅哉南阮贫。

题古黥书屋图罗落花为梁效钧昆季作

摩眼干戈际，班生故有庐。邃溪堪寄梦，深屋好藏书。
触物疑尘外，看云爱雨馀。愿言招隐意，渺渺正愁予。

十载经由处，披阁感不殊。山川原淑秀，水石足清娱。
繁喜鱼孵子，忙看鹤引雏。故乡诚可念，怜我尚江湖。

八月十三日返至羊石

每以薄游成久住，漫言归去尚依人。
神焦鬼烂今何世，地转天旋又一尘。

---

① "搜牢及远黎"句，《李仙根致郑彼岸函》作"搜审及远黎"。

未觉身随闲处贱，为怜秋向乱中新。
崩摧日日闻啼怨，忍忆当年策徙薪。

悼张白山

大乱古无有，居乡宁好怀。风流人顿尽，时命世难谐。
阮籍穷途哭，刘伶荷锸埋。凌云当一笑，天地未沉霾。

和李建丰秋鹭少昂作图

秋心如海自泂泂，迢递相望蓼岸隈。
已觉尽情为客易，不知归思定谁催。
禂襫毛羽还当惜，错连尘机莫浪猜。
但愿故巢无恙在，年年依旧带春回。

吟秋

最无聊赖是秋声，念乱伤时不可名。
诗到蜉蝣宁有疾，梦回蕉鹿若为醒。
闲思往事成陈迹，坐对他山忆太平。
愁见翩翩裘马客，沉迷歌舞送浮生。

澳门杂诗 八月廿八日

乐土此堂堂，吾来怯近乡。寄篱仍故国，触物感殊方。
远树疑烽燧，归鸦噪夕阳。不胜怀古意，望处是黄杨。

来寻永福社，云是宋疑陵。天地昔曾改，山川今莫凭。

空濛依海市，恍惚见觚棱。无限沧桑感，登临泪易凝。

自昔逋逃数，依稀三百年。居安悲去国，心死早皈禅。
唯识存身妄，宁希众目怜。只今过望夏，犹见寄生莲。

市井不为辱，屠沽鲜报恩。去犹阿恶地，客记孟尝门。
早识侏儒戏，厌闻珠玉尊。再来增叹息，海气正昏昏。

一雨将秋至，天风晚沈寥。言寻鸿雁侣，来听海门潮。
岸远山如画，帆归影欲招。临流何所慕，水鸟逼人骄。

坠简沧桑后，芸香惜祖遗。十年勤掇拾，七叶冀昭垂。
苏杜间关日，黄王避地时。乞儿矜漆椀，怜我老书痴。

答诗革命人何阮梁并效其体

多君为我谭诗病，绯白俪黄少用之。
但要世人能领会，不求格律过矜持。
义山锦瑟尤缠讼，子美雕镌或可师。
独爱吾家狂太白，呵成一气便雄奇。

　　论诗敢谓有家法，先勺园公论诗三律有云："兴会偶然到，
性情于此深。莫解眼前拾，徒劳天外寻。"又："陶韦镵远韵，李杜迈雄词。造境
逾人境，多师是汝诗。横琴答山水，快剑砍蛟螭①。万卷今朝破，看君下笔为。"
已深一层言之。又云："磊落轩天地，斯人岂异人。波澜百家壮，根抵②六经
亲。"更远而论之矣。好尚如今未必同。
　　险韵几曾矜竞病，淫声或许系污隆。
　　深人浅语求难得，札囥洪庥亦岂通。

---

①　"螭"疑为"螭"。
②　"抵"疑为"柢"。

一派江西南渡后，独吾不取是颓风。正合国难诗之旨。

赵少昂嘱题蝉嫣集题者多矣咏物寄情各适其适吾欲云云

写个蟪蛄守绿株，随风抈挠自为娱。
不知此际斜阳下，可有愚人扫叶无。

嘒嘒高枝蓄意深，自家呜咽自沉吟。
明知寡和唯孤赏，此是骚人万古心。

少昂为其母造像属题

抚孤励节古来难，十指辛勤母力殚。
今日看儿成绝艺，范金尤为奉亲欢。

正修效钧属题其令祖史云先生遗札

九江一脉分明见，难得经师是祖师。
名迹未湮良楷在，双双今有称家儿。史云先生为朱
九江弟子云。

老屋深溪旧隐居，君家三箧有遗书。
乱离我亦怀先德，断简零缣饱蠹鱼。

赠佟绍弼十七叠不匮先生至味韵

治学犹察车，朴属而微至。佟子审其要，读书先识字。
有如草玄经，始乃泽妙思。亦犹化成因，相召穷变类。
谓为大无益，翳早已摒弃。一语且道破，工欲善其事。

冥行虑无前，百折莫还意。倘亦祖绍述，呐喊摇厥帜。
淮南言今人，贪亦弗能味。

即事

苍生悬梦到隆期，忧乐千端可察眉。
仓卒依禅怜鸽怖，高低得树笑猿痴。
佳兵自是为言易，回劫真嫌下子迟。
人阙惧思天亦苦，一般宁忍作庾辞。

茶座

暂得乘闲向海涯，一楼徙倚看朝霞。
平生未忘三微愿，解倦唯斟六羡茶。
等叹栖尘同露电，何嫌列竹到蓬麻。
座中嚘唔谁能会，浪道诗人有斗夸。

续观物　九月廿八夕作

啜汁笑人痴，狂泉纵饮时。覆车禽亦困，与肉虎犹饥。
马既临崖勒，鸡仍断尾牺。西风方肃杀，珍重傲霜枝。

九月卅日唐少老被狙于沪痛挽两章

盛代商山皓，人间春梦婆。艰难思共济，晚节岂能讹。
慷慨陈三策，从容论两河。考终遗憾在，天道竟如何。
早忝忘年契，亲犹世父行。季父恩富与公同为同治十三年游美官学生。
万方同爱服，齐列见谦光。短发初心在，清游引兴长。

国忧今日呕，痛为失元良。

国庆日

不胜感往怀贤意，无限江山绻缱情。
博大极知天独厚，馨香惟祝国长生。
花看老圃饶秋艳，景重人间是晚晴。
料得明年逢盛典，万方铙吹庆收京。

追和大厂痛极之中秋仍用鹤翁闱中梦不匮先生韵并寄松斋铁桥两翁

痛极言中秋，居士情可忆。谁谓娱诗人，三载长眠息。
月魄有死生，兵事无南北。独念鹤与松，栖迟叹异国。
离乱真无前，龙战日相迫。茫茫天地间，安土能几尺。
吾犹滞江湖，江湖多梗塞。对此明月光，使我心怆恻。

简逸群

昌黎有句劝踌躇，相视无言只叹歔。
世病谅难求指木，池枯宁忍见穷鱼。
不思独活甘茨棘，莫问留夷与揭车。
苦忆天涯陈卧子，久疏缄札到离居。

旧闻

旧闻北秀异南能，掩面羞将近事征。
百里只今愁日蹙，十年虚愿到中兴。
谁知后死轻生客，老作空堂淡话僧。

漫忆开元与贞观，思量真觉气横膺。

又观物诽体　为广州失陷前十日作

先声但盗竽，巧技见黔驴。图物难为蟹，听冰总类狐。
越班嗤铁嘴，计敌笑澄枢。若使藩篱失，犬狼何日驱。

西行杂诗十六首

襆被赋西征，间关万里行。偷生心自傲，惜别意非轻。
秋黯岭头曜，潮翻珠海腥。为怜小儿女，苦苦问归程。　始发

焦土敢非议，弃防宁忍闻。疚心刚去郡，泪眼怕逢人。
尽职怜群季，危城念老亲。降殃何太酷，我欲叩苍旻。　闻耗

蓦地惊凶耗，将疑复似真。万方同愤慨，一省又沉沦。
黎首果何罪，天心岂不仁。石羊飞梦迥，热泪已沾巾。　到海防

太息珠崖弃，于今未百年。沧桑真屡变，风俗固依然。
对影有微喟，闻声但可怜。因循全盛日，大计失筹边。　安南

名都一勺水，犹是洱河馀。寂寞宗臣冢，喧嚣帝子居。
有栏驯豕鹿，没字记虫鱼。衰柳斜阳下，双双闲斗车。越东湖公园

到耳是乡音，喧呼入国门。关山犹壮丽，天地久尘昏。
改命思前烈，承基愧后昆。金瓯还未缺，处处有啼痕。　到河口

革命参初地，艰难念本师。黑旗今已远，汉界早轻移。
行路偏多感，看山指后期。救乡曾有愿，前席记陈词。芒街

六诏我初来，昆池问劫灰。身随车共转，肠与路交回。
赴难心徒切，思乡泪易催。大明亡国处，登览不胜哀。昆明

五华山有逼死坡，为明吴三桂缢永历王母子于此，后人竖碑言"大明亡国
处"五字，令人不忍卒读。

莫笑腐儒酸，今来试与看。青云原易上，蜀道未云难。
掬手天一握，回头路万盘。凌空好舒啸，境界自然宽。飞航

巴子旧称国，共和权作都。山川原险要，薪胆亦良图。
勇爱将军节，清标贞妇庐。峡前明月色，千古照名臣。重庆

驰驱赴国忧，归计急同仇。意绪山千叠，轮回血万周。
壮心悲落日，辛苦话从头。泪眼怕北顾，神京痛未收。綦江山行

悲风动寥廓，天地入离忧。世事易成梦，情怀只贮秋。
几曾云物尽，翻畏兔蟾浮。独夜不成寐，寒光未绕楼。

仆仆风埃里，劳劳千里程。俯看峰在地，平注水为城。
铜鼓东西岭，花秋上下坪。听莺遗迹在，思古不胜情。川黔道中

地瘠米盐稀，民生托命微。几人无菜色，百结见鹑衣。
有草肠堪断，翻浆泪并挥。国恩真负汝，其奈世情非。黔道所见

莽莽风云际，难忘此令辰。世方思本木，我亦念初身。
堕地即千劫，生天隔一尘。百年真转盼，恻恻动奔轮。生朝感赋
总理诞辰亦予生朝。

此生惭负国，颇愿学为人。感事诗多婉，流光迹易陈。
身存常讳勇，母在不言贫。大义幸闻早，初心还未沦。

到桂闻见

四海愁戎马，强兵此奥区。风云添壮色，山水是名都。
地苦群宣力，民淳俗重儒。干城人有托，东望叹非夫。

宜山道中闻蒋百里先生逝世

黔蜀公车日，惊闻陨客星。我惭彭子佩，人惜窦游平。
慷慨谭风节，渊深见性情。南云空溅泪，凄断若平生。

西南道中口占

十日嘉陵江畔住，沉沉烟雾送劳生。
行都又见传烽急，愁上棠溪第一程。

初宿綦江山下城，微寒嘘气未成冰。
夜深难得归乡梦，饥鼠惊人啖客灯。

彼土山川信有之，深秋草木见葳蕤。
东溪穿过垂杨岸，猛忆江南摇落时。

草草黔阳一夕留，脚跟难定几时休。
明朝又上崎岖路，负却浮桥甲秀楼。

银环帕首短腰裙，绘腊盘丝亦可人。
难得漏天晴一日，赶场摇曳过都匀。

背笼躧屩负盐巴，不是龙家即獞家。
木老乌蛮今一气，吃乡同试白罗茶。

半月蛮乡复瘴乡，去来端的为谁忙。
一声山鸟啼霜夜，不是催归是断肠。

寇氛今已冒南中，消息乡园不易逢。
忽见来车标粤字，伤心满目是哀鸿。

荦确迂回百里驰，秋山片片入支颐。
飞车坐失牟珠洞，欠我鸿泥一首诗。

我有一腔忧国泪，不知倾洒向谁前。
近来爱读遗山句，晚节风尘私自怜。

一路谭谐破寂寥，西风双鬓对萧萧。
问君还有愁多少，止水吾今不上潮。

转转车轮碾万尘，牢牢心绪杂千因。
乡关尚远无消息，念乱伤离一个身。

行遍溱溪日未斜，江枫如火映流霞。
水边忽见平铺锦，此是吾乡红蓼花。

蛮烟楩雨气萧森，鸟道蚕丛山更深。
十八先生遗迹在，当年避地是何心。

迷民显赫南康庙，救国精忠薛① 氏书。
枯树寒鸦墙一角，行人指点故侯居。

一过乌江气更苍，仰看岩翠俯奔泷。
行行又到奢香驿，风物依稀是夜郎。

---

① "薛"疑为"薛"。

经行千里到河池，仆仆风尘一洗之。
检点行囊钞得句，昏昏灯火忆儿时。

此去宜山复宜水，可能无画又无诗。
斜风细雨迁江渡，念远怀人最此时。

桂林山水甲天下，费尽前人万首诗。
一样两般都有恨，蜀游交臂失峨嵋。

行过独山经六寨，风光堪慰客心孤。
年来渐识人间味，起伏岩巉是畏途。

秋风秋雨莽罗池，丹荔黄蕉不到时。
寂寂一坏迁客冢，昏鸦飞集柳侯祠。

十载依稀向往情，一朝相见若生平。
纵然丐得倪迂笔，如此山容画不成。

去去宜山更有情，青峰列嶂若相迎。
昔游恍忆黄婆洞，兵火仓皇作么生。

自寿新诗车上成，登山临水忆平生。
今朝憔悴西风里，总是离人故国情。

行李萧萧又戒途，晓风吹雨草跳珠。
人生难得闲如此，一日看山过六都。

肃恭拜母景文庄，行役劳劳我忆乡。
最羡离人初返御，团圞灯火话家常。

满园松竹间芭蕉，香荔黄柑不寂寥。
愿我到时秋已老，梨花犹向短墙飘。

来自天南水尽头，回车碾破万山秋。
如今却忆关西道，一样风光异壮游。

又指行旌向南海，乡音渐近客心酸。
孱躯不抵风波恶，一卧归舟有异澜。

前路茫茫何所之，即归犹耻寄人篱。
告存且幸慈亲健，辛苦从头话乱离。

和李建丰秋步韵

一往江湖恋阙心，西风憔悴思难禁。
就荒栗里归欹赋，抵节芜城行路吟。
去日胜游宁再得，还山清梦费追寻。
凄然负手斜阳外，极目萧条秋气森。

贵县筏宿与陈十五参政夜话

西风吹雨透疏棂，沉寂江楼夜四更。
心乱逐潮趋瘴海，身难随梦入围城。
关山到处迷戎马，故旧频年痛死生。
顾我吞声非自惜，输君高论吐峥嵘。

戏拟疑云集

本来种玉是蓝田，信有红丝一线牵。
聘下豪量珠十斛，妆添巧琢叶三年。
为言处子窥臣久，可喜他人未我先。
天地钟灵知不谬，内家才艳独相怜。

戏拟疑雨集

一点心犀叩叩通，偏教无赖住墙东。
长姬艳说成香御，旁妇何嫌是小红。
莫羡于飞双语燕，分明残梦可怜虫。
归郎已自专金凤，悔煞当年命锦工。

不因偶语便心惊，明烛横波早目成。
衰世藏身宜乐国，佳人从古号倾城。
三生谁信难完债，百悔何曾有著经。
一自春风嘘拂后，等闲花草亦骄荣。

有赋

凄断山头石望夫，乱抛清泪落蘼芜。
旧弦重谱师卢女，幽梦更番结玉奴。
此日乐昌愁破镜，何时合浦得还珠。
花颜可叹随年换，形影今伤越与胡。

艳诗

娄东有艳诗，虞山感而和之，谓与樊南、致尧同有所托，其然岂其然乎？

多病修仪惜左芬，薄帏冷落透斜曛。
将调锦瑟愁弦断，欲画春眉又镜分。
但使结欢宁结怨，何因疑雨复疑云。
玉关羡煞双鸿雁，相唤相呼不离群。

不堪室迩怅人遐，可奈声声屋角鸦。
并命自应无怨鸟，同心难定是名花。
氍毹交映巴渝舞，华发愁吹北馆笳。

别有一般凄凄处，年年憔悴在天涯。

几番谣诼到蛾眉，命薄翻嫌早系丝。
不谓飘蓬原弱质，但嗟临水照残枝。
十年旧梦抛何处，一片痴心却为谁。
惆怅谢娘浮海愿，蓬莱有路总参差。

亦知无可奈何天，且尽馀情欲别前。
波动乱萍聊复聚，梦回残夜傀重圆。
得言遮莫轻鹦鹉，啼怨终怜是杜鹃。
为问冬郎多少恨，浪抛闲泪写红笺。

质物诗

廉吏可为否，廿年惟守真。香山无长物，海雪是畸人。
怀璧果何罪，典琴宁讳贫。仅存初劫后，谁识共馀珍。

岁暮杂感

少陵岁晏悲为客，正则离忧欲问天。
目极山川非往日，身从戎马遂经年。
人知体国崇三本，谁为斯民策万全。
读史怕逢寅卯际，皇皇炎宋正颠连。

江淮河汉战方酣，南北东西乱不堪。
献马窦融曾决策，识胡王衍但清谈。
和戎有利今难五，为政多言已务三。
早有伊川披发感，强邻虎视况眈眈。

念乱伤离不可陈，乾坤莽莽只黄尘。

正当浮羽沉金世，莫解笼寒袖手人。
顾我已如霜后叶，问谁惜取爨馀薪。
从教璞玉深藏了，何用圭璋比似身。

瞑想此生经眼事，真成庄梦入蘧蘧。
年荒或有嗟来食，晚学弥珍劫后书。
北向雁仍无定所，始巢鹊苦尚穷居。
明朝又上西南道，一路多忧忘岁除。

飞机迷雾迫降资阳

天路原来亦有歧，杨朱何怪致深悲。
迷阳早识能伤步，苦雾浑如未展眉。
已分此身随转毂，真成一线是生机。
将军比拟从天降，万众遮迎但好奇。

雨宿资阳

斗大资阳风雨迷，匆匆何意印鸿泥。
心如砥柱中流激，身逐狂云冷处栖。
栗里人生原若梦，漆园物论傥能齐。
青灯回我儿时味，一卷才终鸡乱啼。

二月七日清晨飞航重庆

又逐冥鸿趁夜飞，乘风傍气破天围。
凭虚暂得身无碍，寒重才知月在衣。
故国瞬成千里隔，旧巢长忆十年归。
北征吕甫忧虞甚，迟暮何曾心事违。

《小容安堂诗抄》卷四 *

香江录别

换骨栖心共此痴，故人珍重赠将离。
极天事变随秋速，一路情怀遣泪知。
曳响露蝉犹抱树，孤飞乌鹊不安枝。
海滨直使惊鸥老，怪得扬雄笑鸡斯。

漆愧朱惭或有因，声销志苦不重陈。
还乡纵酒情难遣，经乱为诗气转辛。
梅柳自怜今日意，风霜吹老去年人。
此行得似罗昭谏，策马绵阳秋又新。

久与云阶别握手相逢慨然有赠

记否秋风黄木湾，一箫一剑共芒寒。
多文窃以君为富，适意谁知世所难。
早薄交游重树党，愁看人海有波澜。
七年摇别成今昔，握手相逢百可叹。

＊　本卷抄本共10页，1～5页钢笔行书抄录于印制的"小容安堂"绿丝栏9
行书页上；6～10页钢笔行书抄于20×20"凯明笺"绿色方格原稿纸上，
共收诗作51首。

陈参政绍洸节母太夫人七旬寿诗

春来喜气溢门朝，桃熟千年入寿卮。
万劫不磨忠与孝，几人能得母兼师。
天怜节苦归遐福，子有才名各济时。
恤纬更知忧国意，定教健眼看隆期。

八桂名山与大川，公车十日得流连。
登堂我愧陶家客，过里人知孟母贤。
不道省郎曾结绶，共思孝悌再归田。
孤寒八百怀慈惠，随从果阶祝大延。

阙题二首

四郊多垒士夫羞，忍向新亭问楚囚。
省事谁知来拙目，趋功人亦较焦头。
乞儿争背初炎火，季子仍珍旧做裘。
素族自矜还自惜，生平或许说依流。

十年诗思下江湖，吟到恩仇泪已枯。
胸次未曾消块垒，箧中枉自有奇书。
纵观世事风云变，错被人间牛马呼。
不是悲愁感摇落，近来怀抱渐如无。

巧夕利园桂友健儿忏生沛元粹石启荣琴石铁五饯席作

年年秋到思惝惝，有酒何辞与酌斟。
诗胆每于狂处露，好怀宁向苦中寻。
合离情重今宵意，去住难为此际心。
耳热凭高一舒啸，下窥人海入冥沉。

廿五日香港有作

骤雨不终日，蔽天多怪云。万方成动态，咫尺异传闻。
种笑饥才殖，丝从治乃棼。依人怜燕雀，堂栋俱将焚。

壁岂能忘鼠，山高但望牛。流骸难海受，猘犬竟河投。
徒显雪中白，势如沙用鸠。排帘风欲障，无益自多尤。

八月杪舟发

大火流金处暑前，西征重上向南船。
浮生久判随蓬转，散气何当惜赘悬。
四海渐无干净土，全家分在乱离天。
壮怀不洒临歧泪，万感今朝独黯然。

船舷望月

一片天边月，平生几溯洄。清光如可接，热泪每为摧。
思逐潮俱远，心难劫共灰。诗魂招欲得，岁岁到秋来。

蒋群同舟南行话旧赋赠

与君幕府共翩翩，世事劳劳送壮年。
面目未尝今日异，姓名还待别人传。
新知落寞秋云过，旧梦凄迷夕照前。
又试中流同击楫，风尘晚节各相怜。

河内赠友

卅载劳劳许国身，生初同是乱离人。
相逢时地俱无定，一向胸怀各有真。
魂梦几回伤往事，干戈长遣在风尘。
何当了却公家事，归卧罗浮四百春。

在越闻欧战又起

再看成战国，环宇少宁居。兵火顽童戏，生灵涸辙鱼。
繁华终一烬，道义荡无馀。我亦方征伐，狂倭待扫除。

大难非今始，危疑拯此时。干戈岂天意，祸福在人为。
不殚居戎首，何嫌纵诡随。攘夷成义战，正正我旌旗。

二日至河内有谭越事者

一岁南交已再来，望中城阙长蒿莱。
分庭二阮曾称号，朝汉臣佗故有台。
国运不关天历数，人心惟恐逝难回。
乾坤正坠无穷劫，告尔遗黎莫自哀。

抵昆明宿翠湖宾馆

三巴六诏尚迢迢，荡入湖心度此宵。
四面云山如我迂，一泓秋水迫人骄。
残荷战雨添声韵，脱叶嘶风透绮寮。
午夜思深尤不寐，起看天地正沉寥。

九月九日再到渝州

废瓦颓垣旧广场，昔经行处剩荒凉。
闷人馀暑推难去，举国劬劳正未央。
今我再来如隔世，此生随分住他乡。
剑南老去雄心在，可是听猿亦断肠。

重庆赴第四次会

差许平生到久要，不缘风雨感飘摇。
春秋迭代如循例，今古苍茫有逝潮。
局里楸枰方赤紧，望中蒲柳已先凋。
一年谋国知何补，剩有痴心未肯销。

渝州再次警报书所见

悲笳呜咽动严城，凄绝人寰是此声。
今夜不知何处宿，披荆临穴可怜生。

如听三巴霜夜猿，天愁地惨迫晨昏。
此仇此恨何时灭，一寸山河一创痕。

十六日阅报知中山第三次御寇消息

惊波流迅事维艰，御寇遥闻苦故山。
一草一花皆系梦，秋风秋雨怯凭栏。
只应守土焦方弃，何日金瓯整复还。
子弟八千遗烈在，定知同唱大刀环。

嘉陵江畔楼居十日风景绝佳

坐对嘉陵江畔秋，行云流水两悠悠。
山光迢递来依幌，树色参差欲上楼。
十日阴晴分冷暖，一时人事喜绸缪。
壮心我未惊年换，回溯生初已百忧。

行都中秋夕酒醒有作

转盼流光秋又中，兴怀不与去年同。
本来明月有圆缺，喜得漏天无雨风。
静夜自为虫世界，当筵还逞酒英雄。
微醺成就今宵梦，身越关山知几重。

巴县陶园与隋斋对床雨话旬日余亦南行不胜今昔聚散之感赋呈一律并示云陔纪文两兄

深念平居到白头，驰驱犹为赋同仇。
最难莽莽风尘际，来共潇潇夜雨秋。
馀事无如诗有味，壮心谁谓老能休。
独怜黄落初经眼，添泪巴城怆旧游。

第十四次航空机中得诗三首①

迢迢千万里，忽忽御风行。露气沾无迹，云潮泷有声。

---

① "第十四次航空机中得诗三首"与《秋波琴馆遗草》所收"第十四度飞行得诗三首"基本相同。此处据《秋波琴馆遗草》互校，《秋波琴馆遗草》中则只保留诗题。

艳看初日上①，红爱晚霞明。四望空依傍，吾诗好句成。

俯视人间世，笑他行路艰。壮知身未老，寒觉体原孱。
心上本无物，面前仍有山。太清今与接，疑已到天关。②

瞬息青云上，宁堪傲古人。诗无尘世味，身与斗牛亲。
大地真微积，诸天若比邻。佛光闻戴语，仍是水空轮。首次乘
机，季陶指示水晕云是佛光，余亦屡见人言峨眉异迹，当不过如是耳。③

十月七日中山县陷于敌

沅湘刚喜收洪捷，丰沛惊传事已非。
环卫最怜无剩土，护乡犹足见神威。
亦知一缕千钧重，可恨三番四覆围。
收拾河山闻壮语，遗黎且莫泪沾衣。

得荆鸿和章四叠覃韵酬之

除却诗书百不谭，亦知斯味最潭潭。
闲吟谁识心原苦，濡笔真难意并酣。
一日虚声容易得，几人世业久能耽。荆鸿为独漉裔孙。
与君为有安贫处，汹涌风尘各自堪。

---

① "艳看初日上"，《秋波琴馆遗草》作"艳看秋月上"。
② "心上本无物，面前仍有山。太清今与接，疑已到天关。"《秋波琴馆遗草》作"缥缈本无物，微茫疑有山，太清吾与接，当已到天关。"
③ "大地真微积，诸天若比邻。佛光闻戴语，仍是水空轮。"《秋波琴馆遗草》作"欲问天犹远，凝看幻即真。佛光闻戴语，恐是水空轮。"诗后说明亦据《秋波琴馆遗草》补。

检读泽如先生遗著　国民党史稿八册

此是煌煌开国书，艰难概见革新初。
我生已晚尤能及，世说多疑定不如。
定为乾坤留正气，岂徒文字博虚誉。
卅年师友精神在，一卷才终泪满袪。

和馨庐秋怀潘抱真韵

落叶惊心忆旧游①，翻风又到纸鸢秋。
故乡人未归张翰，逆旅谁能识马周。
恨别再营蝴蝶茧，兴怀宁忘荔枝楼。②
遥怜江上传幽怨，独对天边月一钩③。

乱离身健是天怜，思续名都白马篇。
历历山河如在目，依依魂梦又经年④。
壮怀笑我虚投笔⑤，酸恨无人不绝弦。
谁谓士夫南渡后，闲吟只是傍秋边。

秋来事事断人肠，静夜沉沉月满梁。
何日放歌还纵酒，可堪怀古复思乡⑥。
生存华屋犹零落⑦，话到神仙亦杳茫。
我是乱头粗服惯，肯随时世斗新装。

---

① "落叶惊心忆旧游"句，"车版"作"一叶惊心忆旧游"。
② "恨别再营蝴蝶茧，兴怀宁忘荔枝楼"句，"车版"作"别意两营蝴蝶茧，兴怀长在荔枝楼"。
③ "独对天边月一钩"句，"车版"作"愁对天边月一钩"。
④ "依依魂梦又经年"句，"车版"作"迢迢幽恨又经年"。
⑤ "壮怀笑我虚投笔"句，"车版"作"苦心笑我曾投笔"。
⑥ "可堪怀古复思乡"句，"车版"作"可堪怀古又思乡"。
⑦ "生存华屋犹零落"句，"车版"作"生存华屋皆零落"。

来日茫茫是大难，秋风秋雨感千端。
世矜八觉成今苦，我抱残编足古欢。①
报国自怜心尚赤，问人宁计已犹寒。
北征臣甫伤头白，彩笔何当气象千②。

再赋四首

一夜西风万瓦霜，惊心岁月去堂堂。
上书苏季金先尽，归计罗含宅已荒。
坠叶自然难转绿，看花深恶是骄黄。
栖鸦流水称名句，借与今人咏夕阳。

长忆双桐旧馆阴，花时篱落话同心。
谁飞溟海三千翼，我抱秋波一匣琴。
此日有怀真渺渺，当年种树已森森。
可怜回首山川隔，昔梦何堪重与寻。

乾坤漠漠掀龙战，人事纷纷竞蚌钳。
江上客犹歌小海，关中族自重无盐。
已闻馀地容张丑，未许名山隐宋纤。
我亦登台多涕泪，但分秋气上毫尖。

草堂有句忆秋瓜，怜似伤春溅泪花。
同在此乡还此郭，可堪闻笛复闻笳。
力微自谓心仍热，腰折何曾手亦叉。
且喜归来闲几日，因君吟到夕阳斜。

---

① "世矜八觉成今苦，我抱残编足古欢"句，"车版"作"世将八苦移今乐，我有残编是古欢"。
② "彩笔何当气象千"句，"车版"作"彩笔何尝气象千"。

赠白鹤派武师吴肇钟

谁云武犯禁，叔世要斯人。一往无前意，千锤百炼身。
耸寒露骨气，危立见精神。我亦雪中侣，诗情待引申。

馨园来和仍韵书不尽之意

沧海归来忽十霜，不堪重忆岁寒堂。
梦中花草尤狂艳，望里山河变古荒。
眼阅世情宁少冷，腰看俗物侈悬黄。
艰难前烈成尘迹，号令无人说晋阳。

景迹何嫌亦就阴，依然澄澈旧时心。
孤怀欲托宁餐菊，馀事从知到典琴。
赋后庾哀无涕泪，秋于杜兴更萧森。
贾尘深耻中牟拜，不向人间枉尺寻。

亦知在世身为幻，除却哦诗口可钳。
人海逊渠三语椽，恒河投我一升盐。
虞骏岂有才兼望，崔浩原来弱且纤。
无限风光怜过去，只将秋兴寄篱尖。

杀敌曾闻似摘瓜，蓬蓬勃勃战场花。
死应马革尸为裹，渴饮仇雠血当茶。
策献和戎嗤魏绛，国殇新鬼悼金叉。
疏庸曩亦知兵事，仰望旌旗拂日斜。

得隋翁渝州空邮并示感旧和但植之诗再次韵却寄

兼旬话雨古城隈，爱酒怜诗到不才。
解说人生如露电，何曾意气拟风雷。

霜严月苦秋将老，鲈美莼香我又回。
依旧海壖甘寂寞，殷勤函札喜重开。

己卯重九在港适为广州陷后周年

无风无雨亦惊魂，人爱登高我杜门。
久在乱离忘岁月，近怜兵气满乾坤。
一秋又负看花约，万感宁能对酒言。
最忆去年巴子国，江山留得是啼痕。

重九诗依韵和遐翁

悲秋有客泪将残，痴想随人亦乐观。
乡国远从何处望，篱边强寄一时欢。
缅怀胜践真成梦，痛念无衣又戒寒。
我爱黄花不轻折，枝头留取抱香干。

又和遐翁第二呈元韵兼简韶觉

便逢风雨亦何悲，见说哀兵胜可为。
今日有怀宜共乐，明年谁健漫多疑。
当秋心事辛逾好，此地吟坛境不卑。
更欲相随赓竞病，也胜尘墙作趋驰。

湘芹先生逝世纪念

泪眼将枯国难前，不胜感昔复怀贤。
徙薪可叹成遗策，规步宁能捄① 已然。
昙庆一生推长厚，灵均自放亦贞专。
秋深独念双桐馆，雨打风吹过八年。

---

① "捄"疑为"救"。

《小容安堂诗抄》卷五 *

戊寅除夕自渝寄惺岸佩之两兄①　　民二十七年

去日等闲度，宁争隙遇驹。有怀常默默②，高论亦区区。
发渐缘愁白，忧难并岁除③。凌兢心事在④，风雨莽巴渝。

问政吾何敢，严刘或许依。寸丹今日苦，咫尺十年违。
社稷忧仍独，苍生泪早挥。八哀刚有赋，回首昔人非。

干德道访退翁不值高园杜鹃盛开徘徊久之主人群戏花间客来不理也

春在巴山草未苏，海壖物候已全殊。
言寻绕绿高人宅，闲羡评红十客图。
尘事始看花绚烂，旧游如见血模糊。
子规声里芳菲节，踯躅东风不为娱。

---

* 本卷抄本共 15 页，1～12 页钢笔行书抄于 20×20 "凯明笺" 绿色方格原
　稿纸上；13～15 页钢笔行书抄于 22×22＝484 绿色方格原稿纸上，共收诗
　作 80 首。
① 　原诗题 "戊寅岁暮在渝州"，今题据《秋波琴馆遗草》改。《秋波琴馆遗
　草》所收两诗基本相同，故在《秋波琴馆遗草》只保留题目。
② 　"有怀常默默" 句，《秋波琴馆遗草》作 "有惺常默默"。
③ 　"忧难并岁除" 句，《秋波琴馆遗草》作 "忧难并夕除"。
④ 　"凌兢心事在" 句，《秋波琴馆遗草》作 "岁寒心事在"。

漱石画人约夏声健儿及余酒叙健儿先有诗嘱和即谢主人兼柬

绝雨还云事可叹，感君惜取到丛残。<small>漱石言于沦陷区平</small>
<small>州乡贼赃中见有余拙作及被劫物者。</small>
有情自觉为诗易，无闷因知对酒宽。
千里驰驱人未老，廿年异患我何干。
眼前莫是羁愁地，触忤春心排遣难。

偕佩莪游九龙城凭吊宋王台望邓上将故宅

廿年前记汝偕行，漠漠春光绕古城。
花木及时仍在目，田园往昔已关情。
国忧顾我难为乐，世去怀贤愧此生。
怕上荒台溯遗迹，乱潮激石正纵横。

惨听　<small>仿二樵漫题为六邑米荒作</small>

惨听危城啼夜鸣，抵饥犹为助军储。
嗟来自是难为食，奇货如何便可居。
岁岁苦辛愁损稼，微微生事恐无馀。
青黄尚谓能相接，涸辙真堪求活鱼。

闻刘一苇老同盟陷敌不屈死之

革命兴中旧有声，觥觥奇节老书生。
凄迷往事成陈迹，寂寞无人识姓名。
一息尚存犹在党，孤怀不愧对同盟。
定知死去为雄鬼，夜夜忠魂绕故城。

甘地圣人绝食联想谢宸臣死事

棋布丝纷五大洲，四郊多垒我蒙羞。
万千尘劫在演变，七十老翁何所求。
惨视龙蛇刚起陆，共悲沧海又横流。
丈夫饿死寻常事，第一平生爱自由。

落叶有赋

洞庭一叶客心惊，憔悴秋容画不成。
谁道御沟红是怨，人随流水淡忘情。
鸾飘凤泊还能待，鹤泪猿啼别有声。
苦忆去时佳丽地，桑枯桂斫可怜生。

极目萧森秋一痕，夕阳惨淡近黄昏。
枯楂照水空怜影，微力随风尚打门。
漂泊岂甘同乱絮，始终应看到归根。
明知不是江南景，古戍寒烟何处村。

草木经秋渐变衰，但馀松影战微飔。
哀蝉一曲人何在，玉树残歌事可知。
短梦未堪回故苑，断魂犹自恋深枝。
西风摇落今如此，独倚危栏有所思。

真愁蒲柳是先凋，绿到中心偏易销。
在野未忘曾覆鹿，送行长记苦攀条。
离离比似风前实，娓娓音馀爨尾焦。
一自瑶华寻折后，不堪惆怅说兰苕。

九龙小西湖清游与健儿漆园漱石春霆

入林犹觉未能深，便与忘机坐陆沉。
浊酒有人谋日醉，清游触我去时心。
好山好水名徒忆，为画为诗各苦寻。
三友不须愁缺一，天风吹送自鸣琴。

悼绍炎甥

民族受侵凌，男儿当效死。绍炎我贤甥，义门世家子。
髫龄读楹书，少长悲失恃。十六从军行，辛苦动千里。
谒我白门居，英发殊可喜。初役一二八，生还冒弓矢。
机械复深造，什长功数纪。再役杭州湾，年才廿四耳。
慷慨更入军，大战方开始。堂堂淞沪战，铁甲夺强垒。
少壮意气盛，杀敌不惜己。同列数百众，所向辄披靡。
终焉为国殇，血溅宝山市。马革何曾裹，残骸草木委。
只馀忠孝魂，归绕岐阳水。有父忆子亡，有弟亦流徙。
褒忠缺明文，传来只姓氏。无名是英雄，壮烈等纤紫。
君为国作忠，安心亦得理。我诚以为荣，有甥汗青史。
我家君外家，重闱痛难已。汝舅年半百，功名薄一纸。
因忆卅载前，革命曾奋起。秋风黄木湾，激昂荷戈士。
为国不谋身，苦志图雪耻。忽忽到今兹，殇哉吾老矣。
大乱空前来，国难无所止。空馀一寸心，澄清尚难俟。
信是我不如，依违多昧鄙。九原倘有知，将此告吾姊。

三月廿九节感赋

悼死何如责己身，萧山朱执信先生此语是哀呻。
已知青史垂千古，不愧黄花有几人。
玉碎芝焚拼一日，雨狂风横最今春。

白云远接钟山树，凄断遗黎堕泪新。

痛闻季父少弼学博公广州凶耗

公讳恩富，字德履，号少弼。清同治十三年，由星使陈兰彬选派赴美留学，是为我国留学第二批官学生，时公年仅十二。越十年，毕业乞佛大学，得文学士。与唐少川、容揆、温秉忠、周寿臣诸公同受李合肥召遣回国，公辞焉。自是益研文学，兼事报业，留美五十馀年。至民国十七年始归，政府委以墨西哥领事，不就，只于省港授徒讲学。去岁广州失陷，公以年老不虞其他，劝亦不避，卒遇害。沦陷区无人料理，草草营葬。予等莫闻知也。呜呼痛哉。公卒年七十八，有子三，长次在美，一为美海军部员，一为工程师，惜均无故国之思矣。幼子尚陷敌中，存亡未卜也。

刚为晨星赋七哀，忽惊凶耗故城来。

乱离死所人无托，潦倒生涯事可哀。

解道身名归露电，深悲文学委蒿莱。公邃于英文文学，诗尤精妙，教科书多采用之，美国独立歌为公应选之作。

竹林我惭自名德，浊世何从慰夜台。

哭传侄

生汝果何意，而翁欲问天。书香应有种，根慧惜无年。
忧悴家贫外，魂销国难前。重慈犹苦念，绳武长孙贤。

和翼群五一还乡觐母元韵即以为寿

披拂春风上锦衣，漫言海水正群飞。
新声长厌方知命，旧隐终南不当归。
历历冰霜看节劲，依依鱼鸟见心微。
娱亲愧我疏营禄，苍鬓才堪拾涧菲。

总动员歌

登高峰，雷大鼓。总动员，驱豺虎。不论老年壮年青年，男与女，同心合力保国土。招我大华魂，恢我神明祚。四千馀年古国古，锦绣河山是天府。惨淡经营，列宗及列祖。三民主义耀寰宇，贤子孙，绳其武。逐出禽兽东亚东，歼彼丑类日出处。妻勉夫，子随父，兄兄弟弟，姊姊妹妹，齐服务，拥护我领袖，保卫我疆圉。誓复九世仇，誓保大民主。人不自由毋宁死，人不平等生亦苦。总动员，去去去，愿君勇往莫回顾，在后胜利非无故。君不见，少康一成一旅致中兴，楚氏亡秦只三户。

望乡未入 三月廿三日澳门作

望处乡关历乱天，虎头山脉亘连绵。
径行客路常千里，小别春风又隔年。
微愿已随流水尽，强颜苦向俗人前。
只馀满眼伤时泪，洒向群生一惘然。

三月廿三日纪念邓仲元师长

纪元前记共投林，慷慨中原一往心。
世既哭公还哭国，我徒哀古更哀今。
忠魂浩浩神如在，碧血殷殷陆并沉。
愁向太平山下过，不胜凄绝怆人琴。

和遐翁杜鹃花

乱离景物懒重寻，溅泪看花又上心。

山映随红迷夕照，砌扶新绿做春阴。
着枝随分供开落，一色从何较浅深。
同有客愁归未得，风前聊复托微吟。

照眼连天火一堆，复然心上已寒灰。
鹤林九日花能忆，蜀道千年事可哀。
甃甃啼痕凝古血，殷殷夹路是愁媒。
信知情在诗人重，再拜无能泪又催。

赠画人吴公虎

守真画阁久消沉，旧梦凄迷总上心。
今日与君谈艺事，天风犹有一源寻。

十载风尘许国身，谁知更有笔如神。
即今漂泊干戈际，犹得江湖作画人。

小技雕虫笑壮夫，世情看碧易成朱。
愿君少状闲花草，好写清边报捷图。

题公虎韶石春农合作秋怨图

梦断秦淮水上楼，西风吹怨下中流。
情牵南浦波千叠，弹落浔阳月一钩。
拜雨依依原有态，摇烟漠漠不胜秋。
何郎爱景多吟咏，写得寒江尔许愁。

读史有怀文信国

偶翻宝祐登科录，恍惚忠魂接我前。
大节已知千载重，百身原为众生捐。
天荒地老馀双泪，义正词严见一编。
今日艰难倍畴昔，不胜怀古恸山川。

春感

故国春深望渺然，好怀消尽落花前。
许身在昔曾投笔，馀事于今始着鞭。
薄蓄琴书天也妒，岂知博弈世犹贤。
一官我未成惆怅，多难才忧损盛年。

感时不信数终穷，翘首昆吾日正中。
未许闲身随野鹤，羞将双鬓照青铜。
久安深恐能移气，半老愁先号作翁。
春到栖心向何处，强扶残念数花风。

燕雀啁啾各有随，明知堂栋亦阽危。
藏烟改火连三日，念乱伤贫并一时。
世去俗情仍走斗，春来花草更支离。
人民城郭今何似，凄绝梁鸿望阙噫。

胸中块垒郁难消，赖有吟哦未寂寥。
满目疮痍犹在念，一楼风雨又相撩。
闲愁不谓能成赋，依市何曾可避嚣。
制泪且随流俗去，太平歌舞晚春饶。

忆岭南荔枝十首

苦楝花风入夏时，岭南四月熟离支。

愿天不使成丰稔，荔子多收民抵饥。古云荔丰米歉，屡见不爽。

香山南去是沙涌，义士祠前荔几丛。

一自端宗亲摘后，至今三月满村红。宋端宗浮海至香山沙涌，义士马南宝发粟饷军勤王，权拜兵部侍郎，战死赤坎。相传端宗曾亲摘荔一枝，至今早熟，名三月红。

扶荔宫中歌火珠，素馨香艳异凡株。

不知讲武池前醉，犹记红云宴也无。南汉故事，素馨子罕而名贵，异乎妃子笑，今亦不传。

渥丹挂绿品偏佳，奴视华山红绣鞋。

不道蜀中妃子笑，慰情聊胜尚书怀。丹荔、挂绿、华山红、绣鞋、妃子笑、尚书怀，均荔枝名。

柳波涌畔罩红霞，掩映新装艳露花。

桥上衣香桥下影，风光恍惚见昌华。露花为荔枝粉。

仙湖流水出西关，夹岸垂杨间火山。

千百年来陵谷变，虚名何况荔枝湾。火山，荔名。荔枝湾，荔枝实少，游人特多。

走盘珠荔美新兴，疑是鲛人泣泪凝。

合啖坡公三百颗，腐儒冷气一团冰。新兴珠荔，红香体纤，风味独饶，多食无害。

初夏蝉催犀角子，秋山萤逐夜光珠。

独嫌枝少拏云意，输与红棉称老夫。犀角子、夜光珠，均荔名。俗名荔枝。当日拏空雄视，乃游红棉，荔奴更莫论。

茶园黑叶子离离，玉润珠圆糯米糍。
桂味萝冈香独擅，荔林三绝耐人思。

再难赌酒双桐馆，犹记分甘白下门。
一事至今忘不得，轻舟随节荔香园。<small>湘翁嗜荔，双桐馆</small>
<small>中以酒赌胜于役。首都荔以岁至，不匮室中分甘尝味。</small>
　　<small>总理从不喜杂果，某岁随幕赴荔香园赏荔，相与尽欢，此景此情，伤心不再。</small>

挽萧佛成先生

长记江干送客船，明明圆月寄缠绵。
未安魂梦身闲后，老抱离骚国难前。
革命似公称独健，论交矜我到忘年。
首禾^①　知有归根恨，却说家山更惘然。

西南诸老鲁灵光，太息金刀又掩铓。
举目河山有今昔，向来吾党各风霜。<small>协公送行借句。</small>
棋交赤苦愁多劫，泪迸伤歌到万行。
闻道遗言关大计，寸丹知共海天长。

近旅杂感

篱寄岂云聊，争怜故土焦。天连城不夜，门远市仍嚣。
草木无春夏，山云异暮朝。如何成乐国，阿堵挟天骄。

客怀不可极，乡思又频添。三季竟亲值，六壬时费占。

---

① "禾"疑为"丘"。

图书无位置，薪水亦伤廉。独有闲风目①，施施未入帘。

愧读交游传，但歌行路难。符承甘悖义，娄逞早为官。
腐鼠谩相吓，枯鱼嫌太酸。国恩真罔极，吾忍说偷安。

裙带艳称路，金银气亦奢。风光名士赏，乐土贾人夸。
海市争寻趁，长安比狭斜。久游宁不厌，何处是吾家。

共道大时代，谅哉千古无。何心珍岁月，倾泪展舆图。
万物为争刍狗，人间贱士夫。莫言开国际，今日亦区区。

大地兵尘满，天心不可知。收京问何日，固围失前期。
桑梓谁恭敬，人情痛合离。莫吟忧独句，苍赤早明夷。

寰宇痛生灵，绵连战伐声。土疆牛角觺，狸鼠虎馀争。
有利难要信，不祥犹背盟。哀人还自惜，卅载未强兵。

旧动功名念，而惭国士恩。阮公怀有咏，谢客坐危言。
涉世宁窥足，伤时合闭门。荣枯何可道，万事看归根。

世人非易与，贱子欠模棱。俯仰成陈迹，转移即废兴。
读骚魂欲断，细史泪先凝。四海飞黄鹄，羡之吾未曾。

明知无益事，聊以寄孤怀。诗教古不废，世情今始乖。
微躯非自惜，一卷欲沉埋。晞彼东流水，滔滔未有涯。

革命溯前期，艰难念本师。降生为救世，主义首攘夷。
睿智古无有，威灵今在兹。所嗟弃中道，风雨百年思。

长记参戎幕，三江一岁中。乾坤饶正气，草木渥春风。

---

① "目"疑为"日"。

复国推洪武，言诗爱放翁。白沙堆上，领略自然，纵论古今，旁及文艺，永永不忘。壮图今继述，驾驭旧英雄。

近旅杂感续

忽动登高兴，身疑远世氛。参天山让树，在野雨馀云。
众卉矜有托，闲鸥不离群。娇儿痴欲问，何处海门分。挈双十登太平山顶。

未必即浇季，犹思见古人。论交坚刎颈，为国不谋身。
黼黻俱为悦，楂梨别有真。区区忧世意，风雅恐飘沦。

破釜沉舟际，红羊换劫年。同仇深敌忾，赤手奋空拳。
百倍觇民气，千钧上仔肩。古来曾几见，举国奉戎旃。

我读香山志，心仪马侍郎。宋遗臣马南宝，勤王战死于南澳。
千年此弦卜，当日愧汪黄。未遂崖门愿，终为祖国殇。
狮洋波万顷，滟滟有辉光。狮子洋连零丁洋，为公战死处。

忠义潮居里，精神见两朝。田横长有岛，帝子仅名桥。天皇桥在中山南门外，宋端宗过此。
香荔矜先熟，寒松不早凋。觥觥馀烈在，去古尚非遥。潮居里在中山黄梁都，宋义民起兵抗元，明末义民亦曾起兵于此。

百粤当明季，书生大义彰。幽兰归一烬，璞玉亦深藏。
霎霎秋涛壮，明明海雪光。千秋仰风烈，天地共苍凉。

病中李子沧萍枉过谈艺至快

往岁谈诗许子能，亦知为学有师承。
眼前人物成今古，时下文章见废兴。

酬世只馀千点泪，抱怀还是一团冰。
病中三日倾心语，离乱交游得未曾。

展堂先生讳日感赋

记聆积惨馀生论，转眼谁知是古人。
自有文章供不朽，更于主义凛贞纯。
江山处处惊残照，风雨年年感暮春。
为忆梁园旧宾客，乱离存没最伤神。

挽黄仲鹏

文字久相契，清谭近旅多。视天犹大梦，斫地起悲歌。
莫与时争命，终疑酒是魔。临流感不极，有泪到惊波。

叶竞生有西北之行率此送之

丈夫不惜别，此别又如何。脉脉千般意，劳劳一曲歌。
芳兰原自茂，老剑旧横磨。君去猿啼处，闻声感更多。

遥送隋翁赴难入蜀

一书才达未经旬，闻道公车已绝尘。
此去好山兼好水，从来忧道不忧贫。
平生谔谔真难弟，风骨棱棱称故人。
我愧贞元杨氏客，旧游回首总酸辛。

九龙汝公座上谈往

廿年短策我怀恩，心曲何人可与论。
述酒世疑元亮讔，画兰谁念所南根。
吟残草泽终无补，漏滴苍苔易有痕。
谈往自伤今日意，四山不语入尘昏。

赋呈剑父盟长

共识堂堂建国人，独于艺苑播清尘。
丹青一代开生面，著作中年已等身。
草木入图皆是史，烟霞供养不言贫。
旧游曾语诸佳士，画阁高风记守真。

闻乡兵退敌

衣冠南海此名区，中有先贤旧墓庐。
已见四方严鼓角，定收洪捷慰桑榆。
威灵煊赫今犹在，飒爽英姿古不殊。
寄语忧勤去乡客，好抒泪眼望阎闾。

怀人集剑南句

壮心未许全消尽，双鬓向人无再青。
塞上长城空自许，腰间羽箭久凋零。
幽花避日藏深叶，病鹤长鸣锻① 羽翎。
回首旧游如梦里，悲歌流涕遣谁听。

---

① "锻"疑为"锻"。

感事集广陵句

飞过东风又可叹，马蹄行尽九州间。
重来赭面还如火，却被斜阳占尽山。
尚说苦心酬直道，乐闻高论厌樊闲。
坐将赤热忧天下，无处欢娱得解颜。

有闻戏集定庵句

夕阳忽下中原去，迢递湖山赴梦魂。
钟簴苍凉行色晚，鱼龙光怪百千吞。
白云出处从无例，薏苡谗成泪有痕。
吟到恩仇心事涌，小胥脱挽① 万言存。

交游集荆文句

肯但悲歌寂寞滨，自嗟才不异常人。
平生积惨应销骨，末俗纷纭更乱真。
壮节易摧行踽踽，交游方笑党频频。
荒城回首山川隔，想绕红梁落暗尘。

读后山秋怀感叹而作

细书渐向灯前怯，老色先从鬓上知。
去日交游今则少，万方同慨又奚之。

---

① "挽"疑为"腕"。

虚名戆论俱无补，大梦劳生未了期。

独叹后山诗思苦，秋怀重说我何为。后山秋怀第九首：
"悠悠此何为，我老何所为。"剑南野兴："虚名仅可欺横目，戆论曾经犯逆鳞。"

广交难和王令赠杜渐

相知喻岠虚，相和喻鱼水。明火归夜蝉，星火炫萤尾。
今人交利害，古人重生死。今人何足噫，交难乃可悲。
反颜憾毛发，陷阱救反挤。其燃在泣豆，棘补将缺篱。
篱缺还及防，口交慎蜜脾。刘浚① 诚知言，三衅未可非。
广陵能知礼，爰始识契龟。惜哉古之人，不见今险戏。

纪闻

颖士江枫寄远思，杜陵莴苣亦成诗。
世间有说皆浮吹，晚近多文并逐奇。
未是诡容来目逆，最怜纵耳作心师。
回朱点白宁能顾，兰艺当门只自知。

十日阅报集宋人句

投隙穿帷巧致身，东南日下共浮云。
豪华谁有回天力，猿鹤还应怨旧群。
反覆看渠难得好，行前应敌却纷纭。
足知落笔千言疾，一面相逢过所闻。

---

① "浚"疑为"峻"。

又集不匮室句

越鸟巢南自恋枝，故交难得况新知。
面谀未必呵樊哙，士论何由惜会之。
捉臂便成真傀儡，无忧谁与发狂痴。
遗民不改偕亡日，咫尺龙髯负所期。

八月十日闻抱香之丧

叹逝又成篇，心伤君独贤。文章曾命世，哀乐感中年。
温润人如玉，萧闲吏亦仙。旧游零落尽，带泪到重泉。

《小容安堂诗抄》卷六 *

己卯生朝

不曾蒲柳叹先零，牙齿虽疏鬓尚青。
虚拟大苏游赤壁，偶同老杜在秦亭。
身顽还喜秋来健，人醉何妨我独醒。
抱缺守残尤足遣，任他尘世自冥冥。

伤时念乱又成篇，心上秋多转自怜。
惆怅流尘看半百，艰难行路惯三千。
云山今始知有主，风月谁云不用钱。
堪笑生涯何所似，磨牛陈迹踏年年。偶同前人句。

八旬亲健邀天厚，一日虚声亦世荣。
西邸昔曾矜共乐，陶华阳年谱。
清溪或许住前生。《太平广记》袁滋事。
人知志士多狂简，谁识书生是老兵。
有癖誉儿尤敬妇，白头爱听到卿卿。

读某人近诗用其韵

有恨从知海样深，故将残梦寄浮沉。
飞鸣在昔曾惊世，翻覆怜渠到死心。

＊ 本卷抄本共 11 页，1～6 页毛笔行楷抄于印制的"小容安堂"绿丝栏 9 行
书页上；7～11 页钢笔行书抄于 22×22 = 484 绿色方格原稿纸上，共收诗
作 48 首。

病马尚思驰远道，乱蝉犹在噪轻阴。
真愁人似离条絮，飘荡随风没处寻。

答佩实原韵　廿八、十一、七

串珠纪事即成诗，此事平平不足奇。
险觅狂搜亦无取，风神闲雅是吾师。

计绌工诗贫富诗，祖庭此论自矜奇。<small>先菊水公诗云：</small>
<small>"计绌使诗工，家贫使诗富。"</small>
我从海岳归来后，悟得天然两字师。

送阮退之赴韶州幕　十一、十二

匹马西风大散关，放翁心事未殚残。
亦知壮语为诗易，愈觉前人出处难。
山水适君今日意，海滨偷我片时安。
曲江旧记从军乐，秋老芙蓉入梦寒。

十一月十二日忆往

十五年前经眼事，今朝忍忆虎头门。
南天有喜初称寿，<small>总理生辰从无人知之，是岁加拿大同志寄奉祝寿大饼，重逾数十斤，当日在舰聚外宾僚从便飧，共尝之。</small>
远客刚来说感恩。<small>联俄中一段故事</small>
正为四方思猛士，更飘热泪洒忠魂。<small>过虎门朱执信先生殉难处，总理伤感不已。</small>
诸贤恪诵先生教，倘记临分两赠言。<small>总理北上时与诸同志话别，重申明远堂党改组时一段沉痛语。在虎门太平欢迎席上亦有同样演讲。</small>

翻覆　十一、十五　外交动态

翻云覆雨见斯须，与国论交感不殊。
蔽体未应安美荫，争心端只为投刍。
怨禽填海宁偿愿，痴叟移山莫笑愚。
棋苦政缘差一子，稳持后着岂全输。

秋尽寓楼书所见

始觉凄风上小楼，殊方节物不惊秋。
桄榔高矗才舒叶，弦管悠扬未解愁。
得得闻声知戏马，纷纷有说到争毬。
车如流水人如玉，艳比春郊是乐游。

坠欢　十七日阅报作

愿补春馀到坠欢，谁知沧海有重澜。
营巢柳树鸠方夺，作室山根人岂安。
不测委流原一勺，从昏凉积始成寒。
甘瓜苦蒂宁全美，挤响于音旧已难。

九龙寨散怀偕随之粹石桂友老黑小饮山园月上始归

秋思悄悄屡入膺，最难开意得良朋。
书成格是人先老，随之属以草隶作书，自顾恶札不堪。病后真嫌酒不胜。
排闷送青如有约，归舟扶月喜同登。
登临可叹非吾土，撑拨勾牵恐未应。

近事集广陵句

空看落叶倚风飞，_{悲秋}。树尽秋城碧自围。_{次韵满子权京口}。
不惜好花都委地，_{春晚雨后}。近思依日窃馀辉。_{寄满子权}。
未甘身世成虚老，_{感愤}。能待河清固已稀。_{春日}。
莫道人终可遮障，_帘。何如缩手袖中归。_{书孔融传}。

伤善侄

佳器方怜汝，修文遽夜台。问年刚射策，学业正成材。
拭泪亲盈串，伤心土一堆。自从违难后，哀赋第三回。_{去年同日哀二叔父死于难，炎甥殉国，又痛传侄之殇，均见于诗}。

战南路

一自珠崖弃，南交入战尘。先声惊八桂，守宝重三邻。
教战久明耻，乘车必护轮。元戎豪语在，将见日西沦。

岂有金汤固，人心坚莫摧。土宁焦不弃，兵必胜称哀。
五岭传烽火，南天吼怒雷。伏波遗烈在，精爽傍云回。

风雨后九龙城再会和健儿原韵

苍茫急景欲何之，忙事撑牵又一时。
秋在古城原寂寞，雨馀寒绿更低垂。
雁来红上腮边酒，_{用原句}。燕婉情矜手写诗。
偕隐此生都有愿，只愁斯世不如期。

赠刘云帆医生

治学旧闻分体用，<small>君兼治中西医学。</small>折肱今已绍岐黄。
十全得效非虚誉，万变神明到处方。
医国正同攻膝里，活人长与起骨肓。
感君并为推三命，迥秀真惭负憬藏。<small>君兼治皇命之术，</small>
<small>为我推算恐未克当耳。</small>

挽蓬莱秀才

讽诗刚读公无渡，哀挽同矜晚景妍。
既是一身非自计，何妨小事略从权。<small>三不主义第三为不住租界。</small>
秀才本色终嫌腐，叔世难能不爱钱。
闻道乱邦常骂贼，石心犹得见当年。

第三次雅集和桂友韵

断云踪迹已三霜，莫漫相逢共一堂。
不尽烟尘悲故国，强将吟醉对残阳。
濛濛海气寒初上，默默幽花晚自芳。
各有家乡归未得，眉间看到几时黄。

和桂友诗吾意未尽倒次原韵

吟残叶绿到花黄，又见寒梅压岁芳。
强学闭门<small>用老子语</small>愁默雁，更怜举足有迷阳。
苍衣裔裔来惊眼，燕雀啾啾正处堂。
一击唾壶心并碎，近看双鬓暗添霜。

彼岸先生以修县志时得晤教赋呈一律

冰雪聪明慷慨姿，蟠胸焯烁吐离奇。

平生绝学千秋业，两代风流一字师。先公与先生尊人为五同挚友，常以诗文商略，称一字师。顷持拙作就正，为易一字，诗境便活，亦我一字师也。

年长早曾兄愿事，志同深觉我无为。先生早岁参与革命时，余为陆军小学生。

寒家矜有芸香在，奕叶惟惭负所期。先生重编香山诗略，将次刻成，寒家独占多页，七叶芸香，颇致矜许。如冒鹤亭先生跋匀园诗云：异时由八叶九叶以衍至无穷，所谓飞扬有种者云云，此则同深惭悚也。

得翼群兵间来书却寄

尺素书来意万千，行间犹是古缠绵。

故人多在风霜里，子职同深喜惧年。

敢惜铅刀从一割，渐怜身手不如前。

报君近况君休笑，迟蚁随随磨左旋。前书曾拟请余改参省务，今谓未谐，正符所愿。

读四灵诗序者每以其未仕为言迂矣

能除渣滓即为清，仕宦何当议四灵。

秋色澄鲜春色艳，远山平淡近山青。

百年心事醒馀酒，一日声华水泛萍。

自谓放怀超物外，犹嫌着迹是刘伶。

栖栖 十二、十一，国联为苏芬事重开。

应知得兔已忘蹄，莫解庄生论物齐。

区^① 测为怜痴抱虎，合纵犹得喻连鸡。
旧闻隔岸红观火，今见风枝病惜梨。
珠玉周旋如有济，圣人何故叹栖栖。

冬夜有怀

静夜沉沉风正凄，微微寒月落檐低。
客灯然梦千回涩，海树连云一望迷。
敢惜危身攻世病，可堪时事入诗题。
年来苦觅生公法，错被人呼断尾鸡。

寄讯香总戎

廿载怜君尚铁衣，抽戈今复总戎机。
同仇早已觇民气，决胜全凭一国威。
故土未伤胡马躏，羁魂惟逐越禽飞。
相逢父老殷勤问，何日天山报合围。

奉怀于院长渝州

相见十年常恨晚，别来无恙岁将更。
轮囷肝胆归诗义，浩瀚波澜属老成。
满目烟尘惊世换，一江风月为谁清。
从公每忆前游处，难遣平生是此情。

---

① "区"疑为"巨"。

冬感

羁栖流转秋三换，怀古思乡泪未收。
人道诚悬曾笔谏，谁知东野是诗囚。
山川犹得资行脚，风雪长教打客头。
无意买牛还惜剑，此生不分到优游。

与黄君谈手相学

取舍执持皆手用，纵横纹理可追寻。
指枝骈拇非玄妙，审性观形始见心。
自分虞翻屯骨相，敢从唐举问升沉。
平生两事真知我，散尽千金与却金。

悼冷士多夫

德意志士比提督号舰长，焚舟后自杀，人虽异国，闻而壮之。十二、廿一。

天意岂能容黩武，苍生尤苦是佳兵。
陈难背水师韩信，事到焚舟惜孟明。
穷涸木甘獯獭笑，服从足见爪牙成。
直将一死酬家国，凛烈英风不朽名。

香港冬节前夜

搁泪随缘度此宵，天心人事共沉寥。
可怜剑影硝烟里，犹涌银花火树潮。
蚁梦不知封土改，骚魂愁向大荒招。
流亡后日将何极，凄绝风前叶叶飘。

忆旧游　一、三

鸿泥鸥梦故相牵，碧落灵峰望杳然。
斜日荒城经百战，凿山蓝缕记三年。
诗传秘阁人何在，舫泛杯池景易迁。
闻道牺尊重出峡，可能风雨与周旋。
峡庙旧有牺尊，传为秦物，恃势者强攫欲出，风涛大作，舟不能行，卒以载回。

此身犹在愧平生，长记当年赋远征。
寡合谁知原有志，清狂无奈近虚名。
短衣匹马三随节，投笔论功再请缨。
今日为言成过去，旧游回首岂胜情。

元旦后三日喜闻北江大捷

喜气春风送捷书，收功一战慰桑榆。
幡沉竿折终当胜，鹤列鱼丽已竞驱。
知彼歔衰征近卫，看谁溃退是非夫。
南强自有精神在，伫绘清边破寇图。

简无量

万事何能心不关，相逢珍重劝加餐。
从来文字收功易，岂谓书生报国难。
落调忍谁师郑五，提桴许我举任安。
与君乐道还堪活，蒿目惟怜天下寒。

题李研山如此江山图

笔底江山是国门，沄沄逝水去无言。
莺飞草长人千里，月落乌啼梦一痕。
吴楚自来多杰出，沅湘流尽有骚魂。
分明斜日黄芦畔[①]，红叶萧萧何处村。

明臣钱谦益招降明臣檄书后

　　弘光乙丑五月十六日，明臣赵之龙、钱谦益、王铎等大开洪武门，跪迎清豫王进城，檄传省直，谕令降顺，有谁非忠臣孝子，识天命有归，知大事已去，投诚归顺，保存生灵语。见南都失守节略。

厚辱中华此一书，士夫廉耻丧无馀。
鬻身挟主称三恪，重谊深恩说四如。
大事正随名节去，贰臣矜宠敌人誉。
可怜归顺投诚日，白叟黄童釜里鱼。

高陶露布汪日协定愤甚有作

中华有史五千年，国耻无如此一篇。
密约世知袁作俑，谋和人谓桧犹贤。
犬羊岂但难言信，仇敌何缘共戴天。
傀儡已甘居第二，看渠斜日落虞渊。

岁暮读亭林诗

鬓丝脚茧两相牵，忽忽行藏岁又迁。

---

　　① "分明斜日黄芦畔"一句，"车版"作"分明落日黄芦畔"。

事去每疑情是幻，乱深空寄泪成篇。
悬心魏阙悲千里，披发伊川怆百年。
我受国恩曾未报，万分惭愧古人前。

喜履庵绍弼二子见过履庵先有寄怀长古绍弼
出示视秋感无题二律即重次其韵并赠

江山如画又王春，影守惟怜乱世人。
领纳自难三受外，烦冤岂易一言伸。
不成报国心长在，旧约偏逢梦亦尘。
识字本来忧患始，与君珍重晚晴身。

电光投隙月沉河，事事真同此例过。
隔一尘微成世界，不经意处有风波。
久要自觉穷逾好，新得宁能旧便讹。
因念天南老盟主，和诗输我对羊何。颐园方旅越南。

殊方穷岁忽三除矣不能无感①

一自珠崖弃，惊乌失故林。十年亲世变，咫尺怆归心。
渐喜除残日，定知多好音。不须回首叹，大陆未曾沉。

盱衡天下事，出处古人难。俗弃身方贵，家贫心更安。
论交轻意气，循分守丛残。报国知无状，惟馀一寸丹。

何期能卒岁，悬梦到承平。星火岭头耀，车声树杪鸣。
痴呆难尽卖，哀乐若为情。亦欲重投笔，天心未厌兵。

① "殊方穷岁忽三除矣不能无感"前两首与《秋波琴馆遗草》"感怀二律"
相同。

侨港文协主开粤东文物展览征及寒斋纪以一诗

梦断升平世既遥，故家乔木日萧条。
楚庭风雅垂垂绝，南海珠尘黯黯消。
人事渐随征战尽，古魂愁向异方招。
寻常一物关兴废，我抱秋琴阅四朝。

一月二十八日有忆

一月腾腾歇浦潮，将军慷慨气干霄。
义声直已空前铄，兵甲何曾此后销。
当日固知无畛域，至今犹足慑天骄。
海隅记得红旗捷，谢墅春风喜色饶。

庄持监督枉顾敬呈一章

少解为文类古狂，亲劳存问到行藏。
怜才爱国心长在，丽泽尊乡故不忘。
一望河山同慷慨，卅年师友各风霜。
极天事变伤今日，黄木湾头黯夕阳。

和黑翁小除夕韵

放翁有句饯流年，丝管还教鼓角连。
美意又看延一岁，归心应与破层烟。
古人何处难忘酒，用广陵意。我辈生涯不道钱。
满眼悠悠莫兴叹，为君斟酌乐春前。

《小容安堂诗抄》卷七*

挽朱介如先生

离乱交游会面悭，殊方一别到凭棺。

迂生于国知何补，廉吏如君慨已难。

辛苦半生能洒脱，驰驱千里逐蝉残。

卅年故旧凋零尽，落落晨星入望寒。

赴广东文物展览会感赋十四首

血战玄黄八表昏，可堪回首望中原。

登临此亦伤心地，零落新魂况古魂。[①]

可爱生斯复长斯，一花一木系人思。

衣冠海外重相见，草草还堪纪乱离。[②]

风流不绝今如缕，文物能存是劫灰。

观览漫嗟残与缺，尽多辛苦贼中来。

风雅陈黄继盛唐，<small>泰泉、白沙。</small>南国犹足耀乡邦。

---

* 本卷抄本共 18 页，1～10 页钢笔行书抄于 22×22＝484 绿色方格原稿纸
上；11～18 页毛笔楷书抄于印制的"小容安堂"绿丝栏 9 行书页上，共收
诗作 101 首。

① "登临此亦伤心地，零落新魂况古魂"，馨园：《李仙根诗纪文展会》
（《探海灯》1940 年 3 月 6 日，以下称"《探海灯》版"）作"登临亦有伤
心处，零落新魂与古魂"。

② "衣冠海外重相见，草草还堪记乱离"，《探海灯》版作"衣冠重见高楼
上，草草犹堪记乱离"。

乾嘉以后无高格，晚近惟闻重九江①。

粤风千载芳尘远，民族精神见一斑。
瞻拜中庭肃遗像，瓣香前后两香山。瞻拜中堂画像。"两香山"谓宋季马南宝暨总理孙中山。

文教不存何况地，冠裳自毁更无言。
我来大有千秋感②，重爇心香礼国魂。典籍室

磊落畸人绝世姿，百年心事七弦知③。
死生一物犹能共④，想见从容就义时。绿绮台琴。

岂谓凭空托道林⑤，神州不忍眼中沉。
蟠胸忠义文章在⑥，犹是离骚屈宋心。明末诸方外。

自有文章回世运，谁言骚怨不经纶。
飘零还觅藏书洞，未让亭林是伟人⑦。陈独洒⑧、屈义夫

三绝天姿数二樵，开来继往不萧条。
寒家亦有书香在，话到名心意也消⑨。书画各室

莫谭上下五千年，人事沧桑在眼前。

---

① 此首《探海灯》版作"风雅陈（白沙）黄（泰泉）继盛唐，南园犹足耀乡邦。田家盛极真难继，晚近遗民重九江"。
② "我来大有千秋感"句，《探海灯》版作"我来亦有千秋感"。
③ "百年心事七弦知"句，《探海灯》版作"百弦心事七言诗"。
④ "死生一物犹能共"句，《探海灯》版作"此生一物犹能共"。
⑤ "岂谓凭空托道林"句，《探海灯》版作"岂谓凭空托杜林"。
⑥ "蟠胸忠义文章在"句，《探海灯》版作"盘胸忠义文章在"。
⑦ "未让亭林是伟人"句，《探海灯》版作"未若亭林作伟人"。
⑧ "陈独洒"，或是"陈独漉"之误。
⑨ "话到名心意也消"句，《探海灯》版作"话到名心意也销"。

一室低徊馀涕泪，未堪怀古恸山川。革命遗物室①

草泽英雄间代生，揭竿犹自托天兄。
为王为寇皆陈迹②，付与人间话太平。

故家法物飘零尽，我抚残徽感慨多③。
祖泽七传忘不得，室名从此署秋波。

春来何事妥诗魂，怀古思乡泪有痕。
车水马龙裙带路④，不知人世几黄昏。

挽蔡孑民先生　三、五

陶镕旧学与新知，风度恢恢天下师。
我既哭公还哭国，老成凋谢在斯时。

哀故乡　三、七

今日真为失所人，渐干热泪哭遗民。
兵能再战应无敌，土既馀焦倘更沦。
庐墓田园关国故，流离荡析尽交亲。
宵分重读香山志，中有沉哀不可陈。近以重编宋烈马南
宝、明忠郑一岳传记，连夕再读县志，至元兵清兵寇邑始末，为之掩卷长叹。

---

① "未堪怀古恸山川"句，《探海灯》版作"未堪怀古重山川"。诗题据
《探海灯》版补入。
② "为王为寇皆陈迹"句，《探海灯》版作"为王为霸皆陈迹"。
③ "我抚残徽感慨多"句，《探海灯》版作"我抚遗徽感慨多"。
④ "车水马龙裙带路"句，《探海灯》版作"车水龙马裙带路"。

总理逝世十五周纪念

纪念成诗今更伤，明锋警羽迫珂乡。
江河不返三千里，风雨飘摇十五霜。
欲报涓埃知匪易，可怜魑魅遂争光。
国人记否当年事，痛为苍生早断肠。十四年二月十七
日，总理病中告诸同志言，余因操劳国事，病根久伏不自知，北行风浪辛苦，病
遂发，惟余精神自信足以抵抗云云。

挽画人黄少梅

共道清游君最清，不曾末技博时名。
年来人比黄花瘦，乱后身如一羽轻。
愁向干戈争性命，亦知心血耗经营。
山堂宾客如云散，回首春风百感生。

挽罗伯母并唁逸群昆仲

乡里同钦孟母贤，孰令吾友憾终天。
绝裾忍爱缘忠国，封树焚黄待表阡。
最苦乱离逢叔世，深知喜惧是亲年。
一诗才读心为壮，懿范芳馨已并传。

花朝泛赋

岁情草草又花朝，长记年时芳意饶。
阿那风光初绕树，浛㳽春水欲平桥。
相思一寸灰仍在，往事如烟篆不消。
回首故园伤寂寞，冷魂残魄可堪招。

一雨苏花渐斗芬，行看月令到荣芸。
红随赏目成深浅，碧入离情暗乱纷。
见说信风原有序，可能春色便平分。
关心岂只闲开落，不愿人云我亦云。

题《明末遗恨》

此恨何时灭，哀思记胜都。不徒彰大义，真足愧非夫。
舌已常山见，图嫌郑侠无。英雄儿女事，惹我泪成珠。

迢递

迢递湖山付梦魂，凄迷往事忍重论。
一途未必能穷阮，巨患真看目故袁。
此日沸麋还动蚁，怜渠败叶托归根。
云昏雨闭环陵路，想见趑趄拜寝门。

还云

绝雨还云自古无，回天转日费工夫。
侈谭楚立真虚妄，学得胡言见嗫嚅。
巧指曲针宁可缝，冥行一意倘称孤。
救燔亦诩枯鱼沫，怪底衔残塞海芦。

题邓梅荪书法邓铁香鸿胪文孙

尝叹羲之又有之，鸿胪传笔更孙枝。
枯藤劲铁犹家法，想见云烟落纸时。

春寒别意

剪剪寒风透敝裘，不缘春好尽春游。
恨无义剑伤诗孟，别有深怀托梦周。
大事极知还未去，他乡宁复怅淹留。
此行莫道干云上，人在云间万古愁。

劳歌一曲念平生，梭掷年光暗自惊。
故国斜阳真有恨，绿波青草不关情。
只教天地存肝胆，岂愿人间识姓名。
后会莫言何处是，深杯留待见时倾。

香港杜鹃辞

海角春风得气先，重燃心事上吟鞭。
杜鹃啼到花如血，何处春山不可怜。

春来处处惜芳菲，旧梦罗浮在翠微。
料得风光还未改，可能重上野人衣。

病眼看春不当春，只缘身是乱离身。
无端着个啼怨鸟，红满千山愁煞人。

疑是吾乡三月天，火云如缀堕山前。
当春记上呼鸢道，眼底红酣开木棉。

淡泊从来山作家，不将本色入风华。
红飘绿怨人间事，何故偏名肠断花。

入眼明明一战场，雨昏山色共凄凉。

撑枝直与东风搏，看到花残念国殇。

率题风公夏兰子画卷次霞公韵

越样团酥玉作毯，群芳有谱未曾收。
山攀合与称双绝，独逊茗花香上头。

不是秋兰但可纫，天涯同是寄篱身。
冯君写出花心事，慰此江南赋恨人。

映日红犹僭拟王，海棠花好恨无香。
嘉名锡尔夏兰子，点染繁华十里场。

为刘随之题语石山人画

着个鱼郎伴水芝，浅红深翠影参差。
烟波定有闲人在，摇动青芦又一枝。

黄花节遥拜四首

三十年间事，追思迹未遐。一朝流碧血，千古照黄花。
猿鹤随尘劫，河山黯日斜。兽蹄交躏处，凄绝是南华。

荡荡说南强，英姿赴国殇。八公惊草木，同命是鸳鸯。
血染千山色，花留晚节香。定知难瞑目，群丑正跳梁。

黄土埋雄鬼，丹心照汗青。风尘怀剑气，天地走精灵。
南海波涛壮，东郊战血腥。可怜今日意，遥为奠椒馨。纪念邓先烈、
庚戌红花岗诸烈士。

大江伤逝水，两戒莽妖昏。后死惭先烈，偷生负国恩。

艰难悲万汇，慷慨望中原。期待黄龙饮，归斟不朽魂。纪念胡先生。

第五次参政赴渝

三巴五岭旧辽辽，故国旌旗望不遥。

自谓壮怀犹昨日，又撑小极上青宵。

八千里路云和月，半壁山河梦有潮。

满目苍生憔悴甚，褰裳吾欲献刍荛。

歌乐山行

半月心劳百斛尘，不知还有十分春。

滑竿歌乐山前过，一路桐花欲媚人。

先生性本爱田园，今日思量怆梦魂。

行过乱山花引路，深疑此地即桃源。

豌豆花开趁菜花，风光嫋嫋点春华。

眼中已忘虫沙劫，杖策闲行数柳芽。

又趁轻车薄暮驰，遥看江上去帆迟。

短歌娓娓随风送，想是巴人唱竹枝。

巴县逢某君为道颙广南溟相念因报一诗

归客相逢道起居，喜心真胜远传书。

旧游久叹成陈迹，结习同知不易除。

入世忍言巢幕燕，此身仍似上竿鱼。

裁诗欲报西行意，老是军前梦里蛆。

赠真如学长

肯叹虞卿气未申，念中还复有穷鳞。
粗疏我岂真狂客，忧乐君仍自信人。
江柳怒萌宁作态，海棠开后是馀春。
相逢正喜同诗地，洗眼争看得句新。

偕南侨参观王泊生演岳飞一剧诗以美之

偏安怜宋季，奇耻无雪期。不抵黄龙饮，终愁白雁时。
风波千古恨，宇宙大名垂。怒发冲冠处，凭君一写之。

行都青年会斋舍与隋斋克夫斧军雨平演明诸公夜话并示少帆君璧

汾江江水接天长，春满行都月满梁。
正为乱离珍一面，不因风雨亦联床。
闲心落日辽辽叹，晚节黄花故故香。
将意入诗君莫笑，此中原有百思量。

巴山春感

春在巴山是乱离，看花宁叹我来迟。
抱怀自谓长如水，感遇何当又入诗。
正为有情天易老，岂缘积恨世成痴。
百年心事初醒酒，此意旁人或未知。

弱质 四月三日小病作

雄心真欲效驱驰，弱质终愁不可支。
岂意当春寒到骨，生憎有鹊晚喧枝。
前尘历落闲能忆，无病呻吟我便痴。
将谓寻诗今得地，此行还恐负峨眉。

赠公武许大兄

西蜀好山川，向往夙已久。堂堂此诗地，屡约乃见负。
自从抗战来，四度供驰走。海棠满香溪，巴山足幽薮。
陶园在翠微，掩映榆与柳。其中住高人，大隐珍敝帚。
我昔初见之，气概雄赳赳。进君君有为，退君君能守。
将此不忍心，献替审可否。宾主既相得，事业共不朽。
君家兄若弟，落落皆吾友。相望到今兹，忽忽成老丑。
我终惭弱质，卅载莫离垢。但以诗自娱，罔计覆酱瓿。
兹来及春期，风光正相诱。新绿荡心魂，寒月入户牖。
暂忘乱离人，领略大地厚。时亦登诗坛，贻我多琼玖。
投赠古为欢，会合今非偶。何当抵黄龙，与子共杯酒。

赠杜心老武师

旧是关东游侠儿，飞鞚毡带绝尘弛。
酒酣壮说当年事，了了恩仇一剑知。

附党结俦甘犯禁，寻章摘句笑人迂。
与师倾盖心为醉，许我平生意气无。

南岸静庐访真如谭诗甚乐并道诗坛推许赋此兼柬

等闲白了少年头，但有痴心未肯休。
至宝可能从眼别，虚名甘愿被诗囚。
旧怜草木今仍茂，俯视江沱静亦流。
春尽尚绕花满树，兴归犹为一迟留。

送春

无奈春何春又归，古城寂历挂斜晖。
听残杜宇声声去，恼煞杨花处处飞。
病眼望穷千里外，困心难破百重围。
送春长记环陵路，热泪馀痕尚满衣。

孤心　　五月十日夜雨不寐有作

一雨连天天欲沉，隔窗点滴入孤心。
夜长怪底人多梦，诗苦无如习渐深。
明日绿波添几尺，此时热泪已盈襟。
灯前重念秋池句，往事凄迷不可寻。

和右任先生生日北碚道中元韵

夹道桐花照胆霜，旧径行处未曾忘。
虫沙猿鹤今何日，鸡犬桑麻尚此乡。
博大极知天意厚，输将尤喜世情忙。
山川增色人增健，合与先生乐一场。

哲生院长五十寿诗

五十平头誉已隆，百年事业日方中。
凭高遐瞩殊凡目，俯视层生荡古胸。
相与国交崇义嗣，因知天下是为公。
抠衣旧记随趋礼，共感河汾道不穷。

亮畴先生六十寿诗

一片冲和是寿人，胸中常满十分春。
无穷鹤算才花甲，先放梅香及令辰。
坛坫周旋多禔福，风云动荡见经纶。
可能许我同师事，最感平生率与真。

简孤桐翁

怪奇卓荦一偏人，长短纵横术有神。史记，主父偃传。
今日湛然非马喻，多年养就木鸡真。
称诗岂欲传丁卯，往事犹堪说甲寅。
望远伤春春亦去，也应珍重百忧身。

少帆问诗率答

谁能言语妙天下，只有离骚动鬼神。
正为多情能合志，非关斯道可穷人。
心声古法难兼得，趣蕴冥观自更真。
笑我写诗逾十载，至今犹未洗酸辛。

一枝

一枝宁忍问鹡鹒，只似寒蝉恋旧条。
且住为佳家在乱，有怀无奈土成焦。
年华已放堂堂去，想梦仍难旋旋销。
剩着孤心何所寄，阶前愁见雨中蕉。

和船山遣兴三首

明珠怜蚌病，穷鸟怪罗投。狃犬笑挥棁，负笼还衣裘。
用形堪逐影，验泳见沉舟。蜀艇虽轻怪，宁希无水浮。

防勇缘多惧，中衢盍置樽。刍成愁衣绣，兰艺苦当门。
木末应巢鸟，林冥合穴猿。荆山如可恶，爱璧又何言。

钻锥非可割，乳鹄谅难縻。秽薮拾芳蕙，奇花着丑枝。
地偏仍可至，天远便无知。胶漆与烟水，何为有合离。

率句送许二十兄赴滇中山大学校长之任

缔交长记旧居夷，莫漫相看鬓已丝。
陈迹未忘开国日，壮心犹似少年时。
最难有学如初学，转信多师是我师。
六韶三巴连五岭，送君南望益凄其。

鄂北祝捷

无二功重建，荆襄奏凯歌。精锋矜死士，衰竭见残倭。
骠骑俱深入，踟跔每胜多。伫看宏庙算，收拾旧山河。

月夜地下室与诸君同作

首夏巴渝月似秋，思深低尽旅人头。
含光霜气千山肃，落影江心万古愁。
四处角声驱魃雀，一行约约战蚩尤。
笑谭土室溶溶夜，差胜新亭泣楚囚。

得内人书赋答

珍重开缄附羽翰，主恩锡我举家安。
悠悠未了三微愿，耿耿惟馀一寸丹。
亲在乱离欣旺健，儿知稼穑是艰难。
去年典饰诗曾纪，谢汝更番代致欢。

季陶先生赐序楚庭书风赋谢

情深分著忆江南，节迈时移两不堪。
独对金闺惭薄殖，敢云世事到粗谙。
寸心犹欲酬知己，一遇还矜是美谭。
怀德附丽思往日，卅年回味正罾罾。

归兴二章

真成一梦入蘧蘧，国是身谋计岂疏。
白首朱门宁有感，焦头烂额复何如。
转蓬久惯羞争席，弹铗从来不为鱼。
归去独输陶五柳，已无人境结吾庐。

从来薄俗笑吴趋，蜀道难行今岂殊。
只不耐为人伺傫，何曾值得鬼揶揄。
交难久亦伤磨鉴，身在还堪说报珠。
吾意坐甘冰抱晚，悔将名字落江湖。

忆旧游

旧游最忆是花都，纸醉金迷上下娱。
盛极物情终一反，泪馀风景果何殊。
离忧有客方哀郢，薪胆无人信沼吴。
太息廿年疏四事，眼看麋鹿过姑苏。

话别

制泪交亲话别前，流离转徙遂三年。
不知所届王尼驾，何况曾无景让钱。
群雁惊弓容易散，一隄^① 横杆倘能全。
黯然宁作消魂叹，万命愁看正倒悬。

题恬园诗集

十年感怆乱相寻，知有秋怀苦未任。
子美不期诗作史，灵均原以爱为心。
裁辞落笔情如见，挽袖登陴勇亦沉。
洗眼愿看君续集，凄音一变太平音。

---

① "隄"疑为"堤"。

酬履庵见怀并和其馀韵窃亦有寄

不嗟出处陆机谐，敢学咨言司马佳。
风雨但教心宛在，鱼龙何意眼前排。
野平望似山随尽，事去愁闻道并乖。
重和君诗因有忆，十分难写是秋怀。

岂有泉明述酒情，但呼太白作狂生。
缕针曲委宜同调，陵谷迁移感旧行。
应马鸣牛伤处势，丹鸡白犬若为盟。
识真我亦愁昏镜，话到交难泪已倾①。

渐知身世属离忧，太息文章入激流。
草木岂期均雨露，螽蛄原不与春秋。
漫将人物论高下，只有云山足应酬。
一自红羊沦劫后，书城犹恨失封侯。

堪笑书生有大言，欲将纸笔写心冤。
侧身天地惭形影，满目山川怆梦魂。
砭疾正应针发颖，伤时宁以忍为阍。
谁知沧海人归后，事事如今不可论。

时穷天地亦幽囚，可叹泥涂辱晚收。
东野苦将花属命，灵均空忆蕙为楼。
茫茫岁月皆驰影，落落江湖遂寡俦。
得似眼前一杯酒，破除万事不言愁。

酒狂情感自殊伦，潭水桃花句有神。
世去文章宜贱卖，乱来屠钓但相亲。

---

① "识真我亦愁昏镜,话到交难泪已倾",《探海灯》版作"剑南忧国诗还退,独
喜扶衰酒细倾。履庵好饮,饮辄骂坐,不知其有所逃否,故以此解之。"

趋驰南北东西路，惜取支离破碎春。
一度艰难增一慧，我生宁叹不逢辰。

信有今朝行路难，乱深甚处足为欢。
月明本不愁云蔽，花好还宜带雨看。
世态缤纷怜我暗，古音珍重向谁弹。
人间腐鼠成滋味，异患何当又自干。

忍将诗句入哀思，回劫初嫌下子迟。
风景山河曾不异，天心人事本难知。
闲居海市微尘榭，旧梦家园得月篯。
自谓蹉跎年未老，此身应及太平时。①

图成主客记颐园，思古幽情水绘孙。
一自槐根初离梦，旋销风月既招魂。
人从云散难重聚，心似灰寒不再温。
今日山堂如有忆，越秀山堂展公捐馆之所。
可能杨柳尚依门。

阵阵惊鸿海上来，闻声对影我心摧。
初生孩已尝兵火，乱世人怜贱草莱。
税驾王尼曾有叹，窜身庾信不胜哀。
是谁骑鹤腰金去，三窟经营恐费才。

重答李健儿

三年文酒共心居，得似髯公赋挽蔬。
轻省若非求薏苡，典裘宁忍到琴书。

---

① "自谓蹉跎年未老，此身应及太平时"，《探海灯》版作"叹老嗟悲非我
分，且随梦叟自安时。"

事无可语情何害，计傥谋裘我便疏。
怀璧不曾伤向楚，解人难索是胡卢。

题公哲行草章法四十种

书随意匠本无法，亦似为诗重性灵。
此论十年吾固执，至今争怪未成形。

飞云游雾龙千变，落纸挥毫亦此奇。
今日从君窥秘奥，可应还受古人欺。

挽马君武学博兄

行都三载复同声，绝忆迁江共月明。年末共事颇有同
心，去岁西南道中尤多教益。
四十年前新志士，万千劫后一书生。
匡时谠论犹强调，鸣世文章及至情。
天与息劳何太早，不遗此老睹承平。

未定题

逐鸭随鸡计早疏，可为不可竟何如。
嚼来世味原同蜡，传自家风只好书。
偶困鲁公今有帖，未惭羊续旧悬鱼。
庸知酒冷茶残后，苦苣嗟渠又掩蔬。

赋谢以甘行长

入洛相逢子最前，功名亦复让人先。
谁知新月生愁后，犹见探丸借客贤。
阅世自嫌双眼冷，论心尝待死灰然。
揶揄有鬼难驱谴，多谢君家压胜钱。

感兴

鸿鹄羽毛伤壮志，平生心事负绸缪。
黄昏细雨羁人泪，苦月酸风故国秋。
鲈脍久都无可忆，燕巢近已入深忧。
五噫歌客今何似，拚与繁霜染白头。

张星使彭春饯筵作兼简同人

去水泄云矜此聚，怯猿惊雁不堪陈。
来从慷慨悲歌地，貌异寻常行路人。
专对论才赊意指，善邻可宝复亲仁。
珊瑚鹦鹉无消息，珍重功名青草新。

读执信寄陈生诗依韵和之

寄诗微讽岂无端，今日盟寒道并寒。
贫病徇书移晚节，尘埃捶楚果何官。
纤腰嫋嫋嘲风柳，纫佩明明是盗兰。
莫漫衣荣夸衣锦，白云不似旧家山。

茫然此日成何日，将谓今人即故人。

唉犬馁鹰原可悟，铅刀切玉岂为因。
不辞早枥争馀蓐，已忘蜗居过趣贫。
午夜思量应自问，此身阿那是生身。

廿五年来尘事侵，南天旧梦倘重寻。
相君之腹无三甲，谓汝为人亦一壬。
半世禅依真泡幻，五言诗好费呻吟。
当时鼠璞猴冠喻，见蟹水中知苦心。

过河将见泣枯鱼，白日青天鬼一车。
害马只应非马喻，无官今见伪官书。
不祥直是羊群犬，多惑仍同冰上狐。
寄语火坑诸小小，桃人土偶好相娱。

答粹石

多君戒我苦吟诗，潮上心头笔岂支。
思古人兮聊寄托，念家山破未归时。
身当斯际怀难好，秋在殊方老不知。
输与畸翁能换健，近来还悔作书痴。

《小容安堂诗抄》卷八 *

和完璞怀人并柬吹万

未是奇姿敢托幽，男儿恩怨并须酬。
岂知世事三微愿，拚与诗人一例愁。
莽莽乾坤心上泪，潇潇风雨鬓边秋。
吃鱼近亦差能解，不道衡州与梓州。

　　唐柳棠与杨汝士事，棠答诗云"一鱼吃了终无愧，鲲化为鹏也不难。"杨诗"文章漫道能吞凤，杯酒何曾解吃鱼。今日梓州张社会，应须生这老尚书。"

茶座偶占同文宽

日日同君茗碗边，是何意态各茫然。
安时自谓知时命，避世难离入世缘。
能事甘居侪辈后，胆肝堪露故人前。
明朝风雨还来否，我有新诗相与研。

题李凤公夏兰子卷尔雅韵

土离根移几燠寒，花时长在雾中看。
披图枨触闲心事，结佩人今贱茝兰。

---

　*　本卷抄本共 23 页，1～15 页毛笔楷书抄于印制的"小容安堂"绿丝栏 9 行书页上；16～23 页钢笔行书抄于印制的"小容安堂"绿丝栏 9 行书页上，共收诗作 115 首。另据剪报补入 4 首。

烂漫千山後杜鹃，冰姿玉样比婵娟。
花开刚在离支候，忆我唐昌一树圆。

寿退庵先生六十

南天风水记同舟，相见称翁尚黑头。
人比黄花饶晚艳，身如砥柱每中流。
不方微子跻年造，常笑香山叹早休。
念乱岂为辞寿意，正知后乐必先忧。

题直勉印集为文宽

学书已恨十年迟，晖吉堂堂是我师。
一卷沧桑今到眼，朱痕犹得记当时。

生硬撑书纸欲穿，八分为隶概能传。
一钤人比黄花后，款识原来代纪年。

汉分秦篆自心裁，今日明明是劫灰。
收拾愿君从细认，此中还恐有沉哀。

送经亨利港警司归田

云寄萍逢各异邦，廿年前事不曾忘。民国四五年间，余以中
华革命党事奔走香港，下狱时，君为副司，与前司阿夫曲护得免此役，遂相认识。
喜看头白身仍健，留念山高水并长。
笑我襄裳犹载道，羡君初服遂还乡。
相怜今有相同处，国难沉沉正未央。

鼻病复作苦闷不已

四体年来惜渐疲，一身无奈亦支离。
贫非始食何当讳，病到将顽遂忌医。
兰艾可应分此日，莸薰原已等多时。
娇儿似解爷心事，灯下琅琅诵我诗。

庚辰中秋望月作

望中草木尚如春，秋在南方气不辛。
既自有天都有月，未论何世与何人。
影能看满无妨缺，色本皆空笑比银。
横览狂流休叹息，今年太岁在庚辰。

九一八九周年

忍痛沉哀过九秋，月明空照旧西楼。
将军狐舞刚三匝，大敌鲸吞遂一州。敌谋我国已多时，
惟入辽只为试探耳，唾手一州，时少帅正酣舞北平。
且莫瞻乌伤靡托，好随击楫誓中流。
保宁亦是黄龙府，指顾山河百战收。

执信先生殉党二十周年感赋　九月廿一日①

二十年前痛此牺，虎门风雨至今悲。
世无季布空然诺②，古有朱家始见之。

---

① "车版"题目作"执信先生殉党二十周年叹逝有作廿九年"。
② "世无季布空然诺"，"车版"作"世无季布虚然诺"。

投璧誓河缘一气，伤兰锄艾慨同时。①
旧闻浮上心头语，不负平生知是谁②。同志多称为家先
生、为三哥，而不名。"浮上心头"，是某同志纪念之言。

有赠陈良猷

平生眼底见吾子，朗朗秋空一朵云。
写意开心原坦率，似狂近侠又温文。
阿宜已早闻名叔，小阮于今亦迈群。
恨我卅年疏问学，老来补拙愧将勤。

莫铁为我治印甚勤诗以美之

可爱年来莫铁书，究心秦汉到殷墟。
为怜生事难升斗，犹伴闲云作卷舒。
风雨檐前安若素，梅兰花下较如何。
时时相与谭归梦，种菜蓄鸡兼养鱼。

忆旧游　九，廿二作

旧游又忆到南封，衰柳斜阳认故宫。
仡仡古城留直北，沄沄逝水剩馀红。
池鱼可叹重殃火，圈豕还怜复入笼。
正是摧残非一日，落花宁止怨东风。

---

① "投璧誓河缘一气，伤兰锄艾慨同时"，"车版"作"清节独行真立懦，
文章馀事并矜奇"。
② "不负平生知是谁"，"车版"作"不负平生知有谁"。诗后说明据"车
版"补入。

挽徐季龙

法教称前辈，驰驱党政中。清癯堪比鹤，夭矫乃犹龙。
文字消馀日，慈悲及难童。定知遗句在，不见九州同。

赠张虎痴并柬其季大千

报国书生计岂无，哭声第一亦唐衢。
凭君扛鼎如椽笔，力写中华怒吼图。

正气常存国不亡，文山大节独昌昌。
将图安得传天下，警策人人不敢忘。

国门三载梦依依，破浪乘风载誉归。
山色青城秋正好，烟霞为尔洗征衣。

丹青驰誉两堂堂，交臂吾曾失季方。
此去敢烦相问讯，归琴图绘正思量。

九二七有记

两利俱存果不期，区分幅裂误初棋。
寸胶欲治黄河浊，一木真愁大厦支。
意蓄先于图虢日，力亏远在赂秦时。
无端悟入循环理，人事天心略可知。

重阳拜赵监督伯先先生墓

落木萧萧山更愁，卅年寂寂此松楸。

登临望眼千重意，风雨黄花别样秋。

热血愿为知己尽，大功宁恨及身收。

风岗回首情如昨，只是门生白了头。先生曾手书"莫等
闲，白了少年头"句制笺赠与诸同学。

重九节展观兼葭楼藏杨椒山先生狱中诗卷敬题为李韶清

乱里重阳客正悲，肃襟庄展狱中诗。

心均铁石无三木，笔挟风雷走四奇。

疏雪寒更冰涕泪，阴房鬼火照须眉。

万年不死非勋业，此志还凭天地知。

陈向元抗战记略函请书评为作一律

可笑谈兵杜牧之，三年振笔好搜奇。

破军为次全军上，前事无忘后事师。

同欲固知操胜算，伐谋原已定初棋。

毁人之国何能久，古往今来信不疑。

九月廿一日四首①

报效真惭季子微，缁尘不分上臣衣。

乱离身羡秋山健，寥落心随木叶飞。

未尽恒河沙数劫，不言四十九年非。

上书欲遂平生愿，著笔还愁百世讥。近年屡作书，犹是

---

① "九月廿一日四首"，"车版"作"庚辰生朝四首"，并有手写注明时间为
"廿九年"。

于世无补，此心寥寥而下笔转涩。①

　　万象缤纷怪陆离，博衣笑我欲安诗。
　　阅人渐觉蒿双目，触物真嫌皱两眉。
　　楚国忍言仍服艾，庄生无奈说骈枝。
　　俗流岂有便宜计，白璧从来不可为。用《后汉书·左雄传》：白
璧不可为，庸庸多厚福。

　　万象缤纷怪陆离，年年五鬼只催诗。②
　　阅人真觉蒿双目，触物何缘皱两眉。
　　楚国忍言仍复艾，庄生无奈说骈枝。
　　此心了了空明里，白璧从知不可为。偶有所感，非必有其事也。

　　廿年前已薄为官，今日真成袖手看。
　　庙算极知终胜战③，民生深念渐殚残。
　　便低心岂时堪逐，欲著书仍笔下难。
　　慰藉聊吟延福句，一家梅鹤不言寒。不匮室主人又号延福老人，
廿年前正是□商。④

　　秋来景物迫人凄，苍惨云容向晚低。
　　久客厌闻虫吊梦，枯枝愁见鹊争栖。
　　书因残缺难求贾，诗入酸寒是破题。
　　可笑洛阳今纸贵⑤，理生犹得报山妻。此首全是秋来写实。理
生那免俗，方法报山妻，工部孟仓曹酒酱⑥，见遗诗。

────────

①　说明据"车版"补入。
②　据"车版"补入另一版本。
③　"庙算极知终胜战"，"车版"作"庙算信知终胜战"。
④　诗后说明据"车版"补入。
⑤　"可笑洛阳今纸贵"，"车版"作"堪笑洛阳今纸贵"。
⑥　"工部孟仓曹酒酱"，"车版"作"草堂谢孟仓漕酒酱"。

赋谢苹庐时行饷寿

茶座朝朝三两人，谁知伫苦偶停辛。
红蘅碧杜深相忆，故国斜阳更怆神。
荣路敢嗟臣有疾，草堂争奈梦成尘。
感君寿我同金石，只愧称翁早一旬。

十月十日作

逝水沄沄廿九年，抱冰心事借诗传。
山多曲折容逾好，花受风霜晚更妍。
火日生光徒耀外，刁调虚体转披坚。
匹夫原有兴亡责，敢对前贤一勉旃。

和潘公喆均送愫文同志还陪都

又向天边送客归，国门西望独依依。
麻鞋见尔忧虞甚，雕饰惭予报效微。
帖水闲鸥宁托梦，高秋战马况争肥。
府中为语诸同志，忆否江南燕子矶。

忆韶阳有怀握奇伯豪诸友好

九脑芙蓉入梦遥，参军长忆旧闻韶。
一成地启中兴业，六叶宗承大法祧。
风度独关唐社稷，英姿重见汉票姚。
吾家猿臂君应是，落日平原好射雕。用古句。

小恙闷遣　十一、九

病来终日思昏昏，下药能医不治烦。
山近厌看云作态，秋残且喜绿当门。
一尘勘破仍千障，六妄除香尚五根。鼻疾故云。
亦欲禁诗如禁食，只怜无计妥心魂。

行药口号　十一、十三

支筇行药爱朝暾，嘉露连山翠正繁。
过此忽生荣悴感，千堆冢接乐游原。东华医院义庄邻快活谷。

非病谁知病袭虚，转因多病识方书。
今朝偶向滩边过，买得宁封服饵鱼。近服中药几于自调，徐灵
胎有海雀丸方，此物惟海市有之，有翼鱼身，其味且腥，拾遗记宁封先生游沙海
七言颂云："青藁灼烁千载舒，百龄暂死饵飞鱼"，得毋类是耶。

笑我从来身不谋，虚名无益亦非求。
千金方好今难得，自捣山花裹病头。山草药中有半边莲者，捣
敷消炎。

一卧楼窗近二旬，出门风物尚如春。
若非苦我愁兼病，不让羲皇世上人。

寄示明泰儿

银发婆娑两爱慈，成人长进望孙枝。
汝生正值家贫日，亲老还逢国难时。
蓬矢桑弧男子事，菜根风味祖翁遗。
平安寄语劳贤使，舐犊情深笑我痴。庆云去美，曾传语平安。

忆我曾游地，花洲结念深。殊方成祖业，异国重儒林。谓二戎。
人事知三始，家书抵万金。敬回贤总领，多谢远驰心。

阅刘豫事迹

倦圃曹氏抄。朱竹垞曰：豫一叛臣，其书所以不录。然禄山事迹，姚汝能述之，亦足为鉴。

尔丑多谋复敢言，怀才伤遇久衔怨。
生灵自谓求安泰，僭窃居然辱至尊。
不耻父仇呼子弟，宠承邻寇赐新元。
问渠羸马金明道，可意嘉禾顺豫门。

阅刘豫事迹①

倦圃曹溶辑。朱竹垞曰：豫一叛臣，其书可以不录。然禄山事迹，姚汝能述之，存其书，亦足为后鉴也。

尔丑多谋又敢言，怀才伤遇久衔怨。
生灵自谓期安泰，僭窃居然辱至尊。
不耻父仇呼子帝，宠惊狂寇赐新元。
问渠羸马金池过，否意嘉禾顺豫门。

题叶大章青山游卷为刘随

蜃气横天望欲昏，越登高处越销魂。
百年感怆江山界，泪尽诗人吊海门。

旧游二十五经秋，山自青青人白头。

---

① 据"车版"，《阅刘豫事迹》的另一版本，"车版"在该诗末还有手写标明时间为"卅、一、十一"。

我欲重来相问讯，可能分得几多愁。民五年，与夏重民、麦梅生、周演明同游，余有"慰我深愁分外青"句。

不胜绿意与红情，岂止名山合住僧。
斜日照窗人影乱，提壶飞上阁三层。

松风吹浪荡轻衣，海色连云上翠微。
白蝶黄蜂知有趣，舍将花草逐人飞。

怀古思乡意若何，韩碑宋石阅时多。
有情得似回流水，两送楼船帝子过。

山下畦町水翠披，沧桑往事眼前知。
凭君写出闲风景，展卷还疑某在斯。

寄陈文渊博士并柬黄牧师

歧路亡羊岂易寻，小舟骇浪势将沉。
堂堂大道劳鞭策，熠熠灵光是指针。
救世主恩深似海，耶和华律重兼金。
今朝聆得诗歌颂，微妙如弦扣我心。

书说

功侔礼乐从周礼，字益形声见说文。
一艺区区能近道，人云我只亦云云。

六书述文字元始，八体演文字变迁。
草隶变真何太速，吾今此理尚茫然。

写意成文并记名，作书当贵简而明。
若从古体论今体，真觉前贤逊后生。

美感人生是性天，一书入眼别媸妍。
洪荒太古无稽考，率意垂形接自然。

魏晋作风真大变，元常楷法直无前。
书虽小道非容易，此老精思三十年。

三十年开端简寅圃祝筵赋谢并简亚子千里小进

春归海国便温柔，藉卉冯花合命俦。
心念太平宜虎健，图传旧隐见风流。
未销碨垒三年住，转羡逍遥一段游。亚子此来有《图南集》。
有酒今宵应共醉，与君忱慨话神州。

为小进题晦闻遗墨

天永水苍茫，行吟太自伤。百年犹瞬息，一纸见沧桑。
世去诗无教，人高笔有芒。感君饶古意，珍重到流亡。

建国三十年元旦偕萝生文宽时行登太平山步
至小香港尽一日清游可谓乐矣

登高愁望故山春，转写情怀向水滨。
心上太平如有象，眼前风景欲撩人。
当襟海气连红浪，入馔冬蔬伴活鳞。
猛忆年时初蜡屐，梦随芳草辗成尘。

建国三十年元旦偕萝生文宽时行慎余登太平山至小香港尽兴有作①

登高愁望故山春，转写情怀问水滨。
心上太平如有象，眼前光景故嫉人。
当襟海气连咸浪，入馔冬蔬伴活鳞。
猛忆年时初蜡屐，魂痕芳草并成尘。民廿以前，同游为前进、双清、双桐、双照、延福诸公，十年间剩凄凉该我矣，抚时感事，能不涕零。

酬梦寄赠诗原韵

觇国谁应问五寒，用《说苑》。阅人我自重三观。用《法华经》。
苦吟正谓情能遣，省事宁希心便安。
君子未堪谭福至，用《鸿烈》语。圣雄犹感到知难。用《中山先生蒙难记序》。
且从诗格论郊岛，骨冷神清最耐看。

元旦简寅圃祝筵与小进亚子千里论诗谈相至
快小进先有诗谓谈言微中也依韵和之②

觇国谁应问五寒，用《说苑》。阅人我自重三观。用《法华经》。
苦吟正意情能遣，省事宁希心便安。
君子未堪谭福后，用《鸿烈》语，明柳庄相人言祸不言福，谓福自至祸召致，福不可倖至，自必后至。圣雄犹感到知难。谨用《总理蒙难记序言》，克强、鹤龄诸公能相人，皆奇中，祖安先生且与马福祥先生谈论至理，甚佩曾湘乡七篇，但诸公均不滞于事，而明于理耳。

---

① "建国三十年元旦偕萝生文宽时行登太平山步至小香港尽一日清游可谓乐矣"另一版本，据"车版"补入。
② "酬梦寄赠诗原韵"另一版本，据"车版"补入。

且从诗格论郊岛，骨冷神清始耐看。神鉴照神诸书，均取神清骨冷局面，诗格亦然，若以浓艳热闹，虚其外表，皆凡俗矣。至尧义山，其艳在骨，亦冷峭而神清，更不可及，此当别论。

百年二首　一月二十日

百年前此是鸿濛，今日楼台翠霭中。
四合未须谭逼处，一尘无复叹为戎。
可怜花月沉沉夜，轻飔笙歌处处风。
独有新亭几行泪，不胜惆怅与人同。

百年心寄十三徽，日抚秋波对翠微。
正感家山终一隔，可堪枝叶更相违。
斑兰侏离看同化，攘抢兵戈得暂依。
怫郁孤怀为客久，不胜惆怅到斜晖。

压岁诗

二历悠悠过密疏，浮生忽忽任乘除。
寒欺本分还添雨，债异寻常更有书。
可叹植根仍客土，仅存知己是邻居。
一年剩得诗三百，此即寒家压岁馀。

花墟词　除夕香港作

万人如海涌花潮，岁岁风光不寂寥。
我有心情人未识，一株红爱老来娇。本草，雁来红，又名少年红，粤名老来娇，志实也。

凉凉踽踽步花墟，入眼红稀绿并疏。

欲向种花人一问，转知天意不关渠。

岭南风物此何时，万水千山寄一枝。
漫道着花才数点，天心人事可曾知。

车如流水马如龙，<small>借句。</small>摘艳闲评富贵红。
可是岁时依四至，不教俗物占春风。

遮莫花前说落开，人生原亦有轮回。
愿君惜取花心事，大好春光在后来。

绮罗依旧自苏杭，商女如花斗艳妆。
薪贵米珠花绝市，可怜本地是风光。

客子光阴岁再除，今年还得画葫芦。
春迟细数花时节，看我探花又上都。

阁泪随缘不夜天，乡心活跃百花前。
何如归去团圞乐，颂上椒盘胜利年。

辛巳初日命笔酬小进岁抄见和诸作

欲卖仍留呆与痴，痴心县待太平时。
气冲昂毕天方怒，机发龙蛇陆可知。
节物风流人怅恨，故园消息梦逶迤。
不曾子美伤头白，渐解东坡满肚皮。

人日高会作呈诸公

漠漠黄尘莽太清，蹋天强为放新晴。

阳春着色初无赖，人日题诗类有情。
久抟光阴随过客，好移酒海作传生。
逢辰应尽今朝乐，莫惹花前薛① 道衡。

小进介潘小磐投诗感而答之仍压岁韵②

看花遮莫爱花疏，六妄如香欲并除。
疾没宁甘同草木，虚名忍俊到诗书。
茫茫岁月教驰影，隐隐山川忆旧居。
世远正忧风雅绝，馥膏愿与惜残馀。③

上巳作

佳日偏于乱日逢，年年惆怅对东风。
诗缘疏律从何细，心未全降故尚童。
远树笼烟宜入画，薄寒和雨正裁红。
楼台灯火迷昏昼，梦里春光或许同。

谢简又文贻太平制钱一枚

谬领惭颜一个钱，太平二字可人怜。
兼之触我闲心事，历历开元在眼前。

---

① "薛"疑为"薛"。
② "压岁韵"，"车版"作"厌岁韵"。
③ "世远正忧风雅绝，馥膏愿与惜残余"，"车版"作"世远感深风雅绝，
残膏珍重杜陵余"。

题马湘兰为孝则

不求遇赏宁充佩，自保孤根托陆沉。
正是美人芳草意，百年犹得见骚心。

纫佩江皋又一时，湘南畹畹寄遥思。
不轻着意涂红粉，淡写春三雨后枝。

题玉轩光禄遗墨

东里流风六十年，石人不独是开先。
占详张骞曾三使，进诏刘安剩一篇。
每况岂当谭国势，精勤犹得见公贤。
我惭后学兼葭谊，想像仪型在眼前。

休沐日汪山观梅遂至南泉漫思有作

一岁羁孤懒出城，今朝发兴趁馀晴。
海棠杳杳溪还在，两岸风光互有情。居陪都年馀，未尝
离市半步。

山水平生几倘佯，西来心事转荒凉。
轻车既破千重雾，满目烟尘不改黄。

幕府清秋又一时，梅香十里共寻诗。
汪山今见花千树，得似萝冈无丑枝。

更忆花时白下门，折枝犹得伴朝昏。
只今小立寒香下，触我罗浮梦一痕。

负手花前愁念深，一枝消息并鱼沉。
关情不是闲开落，欲叩微微天地心。

数株幽艳傍楼台，花落闲阶点点苔。
更有标黄与标紫，怪它蜂蝶漫飞来。

泪眼看花兴易阑，忽惊信美此江山。
无端忆得闲居赋，瘦影依依伴白鹇。

腾炎喧沸说南泉，冷暖如人意自便。
我亦名区游殆遍，可应一水判媸妍。内外温泉，名区
□□，不虚传矣。三十年前虏国游迹，不鲜清丽，然大部皆含硝磺气味，令人作
恶闷。

得玫瑰女电告自港步行随难民队抵惠转韶继续佣书并述合家平安

乱离无处不为难，弱小深怜历险艰。
望眼欲穿连梦寐，喜心翻倒报平安。
儿能食力知成长，我待娱亲故老顽。
只叹一家人四散，一家分三路避难，现尚未得确息。
何时天眷得团圞。

十二月二十五日闻香港之失全家遂陷于敌矣

报国心还在，全家力已无。创伤今日极，风雨一时俱。
赤子曾何罪，苍天倘许呼。大仇终必复，忍死待须臾。

谁是忘情者，吾尤催肺肝。可怜皆弱小，不免到饥寒。
投靠将身远，伤贫启齿难。海天遥望处，泪眼几时干。

一月十二日得家叔转接报书谓合家平安

动魄驰魂匝月间，报书失喜见平安。
国忧敢有流离叹，亲老无如转徙难。
一顾不堪随破甑，仅存真惜是丛残。南京、广州之陷，寒家已破十分之九，近年赁庑香港。近为战场，遂及于难，仅存图书已片片随灰劫矣。
羁孤久使人憔悴，乡梦何时得好还。

辛巳上巳北泉禊集迎赵尧老余以后知未会翌日于院长补觞即以真如学长代拈贤字韵赋呈两老兼简诸君子

三月诗情接自然，好开怀抱对山川。
风流漫向平时忆，文字宁为君子贤。
难得此宾还此主，坐忘何世更何年。
人生不道春如梦，无限芳菲胜引前。

考功书成赘后

循分文书敢告劳，年来心事反离骚。
只怜独对灯如豆，并为时艰双目蒿。

掩卷思量不可陈，壮图独见旧精神。
安危他日终须仗，继继承承庆一人。

遗教如闻明远堂，总理演讲三民主义在广东高师，即从前贡院明远堂。斐然今日又成章。
漫言踽蹐偏南国，此际犹能到小康。

刺眼堂堂尽妙文，肯随荆国说频频。
迂疏笑我将何补，只写廋辞入秘辛。

洞中杂感 并序

　　自八月九日迄十五日，寇机肆虐山城，相偕洞处。予常以微吟消遣，得洞中杂感若干首，虽不足以言诗，幸圆机尚不乱耳。

旧叹天胡醉，今知陆可沉。无人能爱物，有地亦生金。
世事苍衣幻，黔黎血泪深。五年摇秃笔，何日已悲吟。

我本不羁马，纵横改命前。自从戈离手，徒使墨磨年。
默默初心在，遥遥望眼悬。可怜头欲白，性命苟图全。

戎马艰难际，微微百窜身。有诗多感事，无往不依人。
乡梦灯前豆，风枝陌上尘。家书愁到眼，俯仰愧天伦。

闰年逢六极，黯黮入黄昏。慢慢伸求蠖，声声泪听猿。
地维还可立，天问竟无言。四顾苍茫里，如何不怆魂。

盱衡当世事，硕鼠又何讥。博俗文应贱，陈人地亦非。
声随蝉共咽，身与鹤争肥。离乱家山远，看云心欲飞。

不惜百年战，难忘九年仇。一回毋浪死，七尺肯包羞。
行在仍天府，新亭薄楚囚。愿从歌咏队，荡荡颂神州。

十日九临穴，一行长忍饥。苦辛宁足惜，柴米亦难为。_{听洞中人语。}
喘月漫相笑，看云并与驰。太平心有待，天照本无私。

如画江山在，陪京气象森。同仇千古壮，纪恨百年深。
不信天能坠，应知日必沉。刚从真理得，尔国迩将临。_{八一三纪恨。}

天上机初动，方场万众窥。当年叹观止，今日岂神奇。
救国亲聆训，徙薪曾献词。古稀兹令节，伫看我扬威。_{空军节。}

宠辱先施雅，深惭失赴趋。结交惟意气，忍古入艰虞。

奉义才愁尽，迁疏习未除。栖迟怜海角，感喻到鹓鸰。

革命若为性，粗人礼数疏。病躯蔬胜肉，鄙事铗弹鱼。
微尚失邱樊，飘零感剑书。洞中多杂忆，去日竟何如。

陪都秋思

何曾有价傥言谐，随分粗安且住佳。
乡梦不从今日远，名心争忍此时排。
许身奉国情如昨，临水登山总愿乖。
结习但噬除更在，年年伸纸写秋怀。

大有中年以后情，无端哀乐感平生。
种兰不发当门叹，伤足宁辞却曲行。
税驾岂能求适所，旧游难忘是诗盟。不匮公赐诗：不负
诗盟更一留。

巴山自古相思地，风雨撩人泪欲倾。

水意山情莫写忧，碧天迢递看云流。
思随候雁常千里，瘦与黄花共一秋。
枝鸟喧怜风不定，砌虫吟爱夕相酬。
此心了了临长夜，清白书生拟自侯。

秋深事事入遐思，不为趋尘志得迟。
玉垒浮云皆在望，哀猿冷雁是新知。
栖心此际疑无地，适意何年更有簃。人生贵适意，即以
号吾书簃。

三径已看芜秽尽，岂胜怅触到明时。

遮莫高歌蜀道难，但逢佳日足清欢。
未兴野菊微香叹，且当槐根好梦看。

燕石瓦同仍可佩，秋琴弦涩独愁弹。
滞淫欲何知交道，意气功名两不干。

无端白发迫年来，一片痴心但未摧。
薄殖自应甘苜蓿，故园闻已满蒿莱。
胸馀块垒常宜洗，句有幽忧不及哀。
笑我葫芦依样画，逊人书记是多才。

述德怡园到勺园，人言今又有诗孙。
敢云清白为家世，但抱残从亦国魂。
万事到头难强进，一般冷意待重温。
此时四海皆秋气，红叶萧萧好闭门。

人生难得乐天伦，迁徙能安感谢神。
寓世本来蜗角许，客情真感酒边亲。
自怜渕演求三釜，不谓蹉跎遂四春。
转忆年年有今日，十分写意是初辰。

凝睇枯杨戚欲言，此中或许只雏冤。
秦弓长剑思余勇，秋菊春兰待礼魂。
九弝若非留一羽，玄云何故又重阍。
并投始觉鲀修疾，丧乱多门忍更论。

革命史绩展览会肃瞻既赋　十八首分序

白日青天满地红，三民主义耀寰中。
景从应顺思英烈，第一牺牲陆皓东。党国旗为陆皓东先
烈拟制，辛亥起义广东先用之，国父民元为此有与参议院咨文，甚详尽。

缔造艰难史册存，光芒万丈血留痕。
未应视作沧桑录，中有泷泷不朽魂。党册。

《小容安堂诗抄》卷八续 *

五月廿八日亭林生日因裁一律

末事文章语岂忘，涂中人去我相望。
江山历览馀深慨，忠义提携欲万方。
晚计追从因树屋，哀心词见浣花堂。
吾心不及慈仁祭，今岁今朝记此章。

公武来书不堪卒读书以奉慰

垂老何堪值乱离，相怜相慰转无辞。
几曾怫郁伤为客，遮莫穷愁始作诗。
世去且看长逝水，春来独念旧裁枝。
与君各有安心法，物理人情付一痴。

书赠炳舜

判袂金门十四霜，麻姑爪换几沧桑。
潆洄心上千重翠，飞动眉间一点黄。
自古怀柔仍惧侮，只今多难定兴邦。
匹夫原有兴亡责，感激同君又褰裳。

---

* 本卷抄本共 9 页，钢笔行书抄于 22×22 = 484 绿色方格原稿纸上，共收诗作 52 首。

赠谭启秀

回首十年时，春江展绣旗。长城思卧虎，吾党有男儿。
拉朽薄三捷，交兵重一威。未应生髀肉，汉室尚陵迟。

秋夜起坐

秋感羁孤气尽辛，月凉如水透重茵。
漫漫长夜谁无梦，历历中天我忆君。
万籁只馀虫太息，一笼微惜鹤精神。
生涯苦被旁人识，敝帚于今可自珍。

湘战再捷贺伯陵

慷慨平生说五同，骈缤民族好英雄。
声威虎虎传三箭，寇胆鳃鳃落八公。
革命罄心惟报国，神机两度见膺戎。
因君更忆贤师友，奇节洸洸数粤风。

壬午挥春

自怜晚节傍风尘，又阅陪京瑞雪春。
起陆龙蛇成过去，迎阳卉本渐精神。
腰堪米折才双斗，菜把盘登别五辛。
惆怅昨宵灯影下，眼穿肠断不眠人。

病中吃语　少帆云：此盖为绝笔

析骸易子怆今闻，痛念遗黎心欲焚。
惠政频劳贤大府，交章趋食策移民。

失题

小雅宗邦义，春秋九世仇。匹夫能尽责，热血不空流。
肝胆终相照，功名非所求。江南腥秽满，正气赖君留。

慷慨平生友，当年共铁衣。壮君身百战，怜我志多违。
组练皆凫藻，声名称虎威。国忧还未解，延企鲁戈挥。

书论过庭通哲理，诗宗炎武极诚明。
我从时代论风格，只有先生不近名。①

咏四行勇士

臭腐人能了，如君始善终。两间留正气，一代见孤忠。
杀敌歆神勇，归魂礼鬼雄。青山长不死，岁岁杜鹃红。

慷慨赴戎机，英雄不世姿。四行真国士，八百好男儿。
风虎云龙势，青天白日旗。成仁今始毕，宇宙大名垂。

读曲江归燕诗

曲江风度自殊伦，咏物难忘到感恩。

---

① 此诗后另有誊录者批注"此似咏朱执信先生"。

巢定几曾愁戊已，夕争宁怪优庚申。
得霜敢议飞飔客，晚节惟怜报称身。
肯向人前怨迟暮，年年依旧有来春。

纤体错教疑巧妇，_{鹡鸰俗名巧妇}调声遮莫羡黄鹂。
轻寒轻暖天何意，伤别伤春世未知。
客寄本来非久计，归飞无向复安之。
为笼悟入蒙庄诣，翻笑频频是鷾斯。

西南行旅杂诗

车马遥遥西复东，行行不觉廿年中。
穷愁似已辞今我，轮转心机句却工。

车里看云幻狗衣，远山如接近相违。
有情得似古来月，照我离情送我归。

火云穿盖欲烧颜，暑气烦心不可删。
好是自敲诗一字，乱蝉声里过千山。

岭外峰峦平地起，南方草木见精神。
独山才过宜山近，对影闻声已可亲。

雨洗车尘轇辘行，奇峰面面若为迎。
龙城在望天如笑，慰我平生爱晚晴。

鱼鸟真知天地宽，一家经乱聚来难。
柳州亦有佳山水，且当西湖处士还。

鹿支鸥盟非此时，平生出处我能知。
如今不减当年兴，历劫行囊又满诗。

五载痒忧郁未除，行都急难复何如。
国恩此日深如许，鹤俸频添归赐书。

双珠双十我娇儿，千里间关阿母随。
今日相逢如梦寄，喜心翻倒泪丝垂。

恩假归视乱离家人止于柳州

人似萍蓬又瘴边，乱离儿女客灯前。
境迁往往都如梦，事过匆匆欲化烟。
何意王尼能驾税，未惭羊续旧鱼悬。
鼠忧敢自兼家国，万感中来一慨然。

此是前贤迁谪地，一廛今我欲编氓。
流离得所邀天幸，弱小能安亦国恩。
山水有情原故识，风光依旧接陈人。
告存更喜慈亲健，并感天怜报称身。得特济金五千元。

张司令长官柳营五同宴集即席

对酒当歌能几回，为怜怀抱向谁开。
百年心事依依在，千里相思得得来。
恩宠拾遗馀涕泪，感恩开府有沉哀。
将军礼数宽如许，慷慨淋漓寄此杯。

适柳谒柳侯祠读河东集　七月二十七作

虚名循省到鱼头，迁谪犹堪化一州。
除却诗心无竞病，敢于皮里有阳秋。

茫茫岁月教驰景，念念鹓鸿是旧游。
自以疏慵消身世，不知身世本悠悠。

逍遥遮莫说图南，敢道平生有不堪。
十亩种柑同橘颂，千年思柳比棠甘。
囚山归梦愁为赋，文字时名或未惭。
脉脉离忧心亦苦，此身原是再眠蚕。

题扇给女掌珠

木兰唧唧从军意，香息昂昂扼虎行。
可叹流离今日极，更伤革命卅年情。
诗书于我原馀事，门户依人惜小成。
安得诛茅傍山水，一家循分乐躬耕。

寓楼风雨　　七月廿九日

风雨龙城山气寒，小楼容我举家安。
海桑变后愁鱼立，髀肉生怜对马鞍。
此际岂应成市隐，近来真觉向人难。
一身今亦谭何易，拥鼻闲吟且自宽。

注：柳寓正对马鞍山，张军大营在其下，右为立鱼峰。见柳州集山水记：立鱼何所取。又寓近市，喧嚣甚，渐亦安之。冒疚翁云："一身容易一家难"，昔非之，此境今尝一身，夫岂便易耶。

读子厚闵生赋效姜斋遣兴

生闵形摧质本愚，臣心沉抑并难舒。
为邻荒落甘侪魅，伺景深渊奈短狐。
梦梦几回伤委坠，行行九折阻归趋。

元醇代德能无忝，敢爱丛尤此眇躯。

柳营吴参谋长戒诗为答

蜀山珠海两依依，闲倚阑干怅落晖。
馀事僻吟真太拙，一鸣耐辱到知非。
蚀书终异寻常蠹，无垢宁求绝色衣。
等是悠悠视人世，可应心与古相违。

立秋后题 仍陪都秋思荆园韵 仅得其三

心意微微世未谐，劫来傥得就清佳。
不虞市井重为伍，且喜峰峦相对排。
垂暮更深儿女恋，危时争怪物情乖。
龙城亦是离骚地，淼淼秋波喻此怀。

可胜秋意与秋情，白发缘愁客里生。
默默寸心终抑抑，茫茫前路重行行。
不知社燕归何处，空说闲鸥旧有盟。
剑废光沉人亦苦，为怜肝胆向谁倾。

不自今朝始百忧，眼中沧海正横流。
千山敛气埋斜照，一叶飘心入病秋。
惯见谩愁云作态，兴怀长喜月相酬。
罗池又在西风里，思古幽情属柳侯。

任民学兄参谋长振民大兄邀游山园夕复欢宴即席兼柬专员尹学长阚议长萧县长诸君谈至快意

南北东西感旧行，云逢萍聚入秋清。
石交每愧前贤意，菜把还叨地主情。
千里有家仍在乱，十年蓄念未归耕。
国恩此日深如许，已卜馀生见太平。<small>借米句。</small>

立鱼峰访尹司令<small>子常</small>题赠

苍茫百感乱离身，作赋登高愧故人。
十里玲珑藏采羽，一泓澄碧跃文鳞。
无边风月宜同乐，得气山川自长神。
不独使君桑梓重，善邻可宝更亲仁。

龙城秋分对月漫书柬议长<small>德轩</small>

一楼寒浸月沉沉，无限低徊万里心。
出没喻将人与事，缺圆看到古来今。
伴香篆篆萦秋梦，竹露微微透晚襟。
想像髯苏当此夜，醉歌为感抑何深。

近叹

近叹交亲各四方，臣家随分入风霜。
早知柴米为经济，悔把琴书作谩藏。
眼底渐平三下白，眉间看到几时黄。
多悲宁自侪秋士，念乱伤乱泪万行。

到处能安即是家与恺湛谈后赋此

到处能安即是家，等闲秋月又春花。
人天自与情俱老，世事无如水有涯。
捷径莫须同窘步，青山随喜不曾赊。
只愁岁岁仍缰锁，乱点繁霜入鬓华。

思辕脱险来桂询知萝生尚在人间且生入国门仍用闻耗原韵书慰

豪情胜慨昔无前，结缘悬黎入晚年。
瑜瑾比君从所好，风霜如分未相怜。
饥躯不阻湘衡水，老去终归阳羡田。
闻道生还倍顽健，信知恝恝独为贤。

黄深微挽词

勋旧凋零甚，金刀又掩芒。何因创虎健，相与惜蟠刚。
报国心长在，游方意自伤。晨星秋入望，苦忆更鸧行。

题向华司令长官纪念册

东征最忆飞鹅岭，飒爽英姿动极辰。
革命早从真主义，丹心如见古精神。
五材组练无强敌，一剑挥霜净虏尘。
丽泽我惭杨许穆，称诗将意讵能申。

赠香翰屏总司令

慷慨平生孰似君，久要雅爱性情真。
石交白水青松愿，眼底轻裘缓带人。
剑戟即有^① 临绝塞，琴书终念共黄尘。
何当了却公家事，明月清风好结邻。

壬午九月廿一日四首仍庚辰同题韵

随世功名望欲微，热情迸泪滴征衣。
困心落日秋同感，怀古思乡梦与飞。
鼎鼎百年看过半，行行九折亦知非。
抱山可怪诗原冷，无谓呻吟只自讥。

节物惊心在乱离，吟残秋兴八篇诗。
属天不道花如命，入世还矜艾灸眉。
取点只深怜马策，孤飞惟是念乌枝。
今朝何事添惆怅，独往平生亦谩为。

尘埃埵^② 楚是何官，炊黍浮生一例看。
采羽本来居水涘，黄花原不与秋残。
种瓜遮莫当时献，结草微叹此日难。
茧足为怜归去意，臣家多岁在霜寒。

年来得句苦清凄，只有看云首不低。
知命乐天从所愿，伏鸾隐凤未言栖。
为无益事原馀事，韵检前题是戏题。
亲健更欣儿长大，谢神祈祷共荆妻。

---

① "有"疑为"存"
② "埵"疑为"捶"

赠余司令长官握奇

丽泽同沾建国前，肃霜忽忽上华巅。
闻鸡记共刘琨舞，跃马深惭祖逖鞭。
紫绶红旌光五岭，黄骝白马想当年。
与君老抱初心在，珍重交期意万千。

柳江别意

忽忽欢惊岁渐阑，团圞儿女各艰难。
不曾因树便为屋，且喜开门常见山。
亲老近闻添强健，国忧争忍说投闲。
明朝又上邯郸道，笑我功名念未残。

中原消息近如何，击壤元丰自放歌。
万里风云犹扰攘，百年志事未蹉跎。
黍回寒谷春依旧，心念升平乱渐过。
珍重赠言应努力，报恩时会恐无多。

录别分呈

惜别依依柳水滨，不徒鸿爪只留痕。
八旬亲健如天福，半载身闲亦国恩。
蔽日敢图南是息，倚辀惟上阪愁辕。
赠刀惭佩交期意，宁与同销一片魂。

秋波琴馆遗草[*]

过端州作

匆匆戎马过端城，瓦砾纵横带血腥。
十里已无干净土，四郊惟有怨啼声。
姓名谁作千秋想，生命真如一羽轻。
闻道中原尚酣战，问天何苦苦苍生。

偶成

菜根风味忆儿时，世网撄人苦不知。
十载周旋冰雪久，折腰深恐未相宜。

忤世疏狂犹故吾，天真难得是糊涂。
偶将白眼看人世，一幅天然鬼趣图。

畲菊兄赐题秋波琴馆次均效放翁体

今年难得是春晴，草草□□算落成。
半亩或能容抱膝，一枝要已概平生。
新栽众绿皆争长，初蓺茹黄解恋情。
余事尚堪为君道，晓楼残梦听莺声。末句陆放翁诗意

---

* 本卷抄本共 18 页，毛笔行楷抄于"宣道小学"印制绿色方格练习本上，
封面题"秋波琴馆遗草"，共收诗作 55 首，其中 4 首与《小容安堂诗抄》
重复，故本卷实收诗 51 首，重复的 4 首只存诗题。

赋呈□□先生

少小识公名，想见公为人。何幸忧患里，颜色时相亲。
芳馨若友兰，温霭如当春。盛名满天下，著作亦等身。
世仰公勋业，我爱公天真。文章多经世，胸次无纤尘。
至性发仁言，片语成奇珍。小别只兼旬，新诗劳寄频。
我实未能诗，谬许参寥君。此生惜迟暮，四海已轻文。
弱冠感多难，投笔远从军。书剑两无成，凄凄回国门。
潦倒又五年，蝇利趋海滨。日月等逝波，志气徒薄云。
随分判云泥，授与岂无因。传灯录，归宗日遇人，则中途授与。
遥望春申江，否许接芳邻。将此寄遐思，一纸意未申。
愿言为家国，长葆玉精神。

奉和□□先生太平洋观月

金轮一涌众星小，如是我观犹未平。
省识天心如梦觉，何妨尘事借秋清。
月凉花醒沉沉夜，海市蜃楼故故生。
我欲乘风归去也，人间天上不分明。

六叠大厂扫叶楼均

沉吟四顾倚江楼，大似孤城赋感秋。
万里家山应溅泪，廿年何处不怀忧。
荒村流水皆春碧，古寺昏灯对佛愁。
更上翠微亭上望，夕阳鸦背不胜留。

和冒鹤亭丈见赠并呈大厂翁

渐有疏花上嫩枝，草堂春到蝶先知。
不嫌酒薄还留客，难得行迟细论诗。
省识老天常作剧，已忘斯世正如棋。
劳生倘许闲和健，指顾云山看后期。

感赋二叠鹤亭均

遇风残叶肯辞枝，不匮师句。一片孤怀只自知。
已感华年随逝水，可无哀乐入声诗。
釜中方泣相煎豆，局外多敲死活棋。
老屋青山游子梦，莺花三月滞归期。

三叠鹤亭丈均

一天风雨散花枝，春去江南客未知。
临水登山非故国，怀人感事又成诗。
欲开眉锁长宜酒，恐费心机不学棋。
怅甚今朝挂帆者，莫留白下意难期。

闻官允之国殇

破竹早闻经百战，横茅犹自殿三千。
粉身久决书名日，病骨深怜冒矢前。
血尽未苏残草木，魂归犹绕旧山川。
成仁独叹君能了，后死于今更黯然。

解嘲

画眉张敞世无二，大义陈钦岂有三。①
卖国只闻名是桧，杀人何竟姓同参。②
王郎天壤原能别，降虏淮阴耻并谈。
诗与世人分仔细，我中山彼是闽南。③

孟公客有陈惊座，胡将乃见王羲之。
并世文章分李益，两朝忠佞别陈祗。
荒唐莫信神仙传，宠异争夸寒食诗。
坠井忽闻毛自荐，平原犹发丧予悲。

归乡作

故园归及小阳春，父老相逢话苦辛。
不分此生犹恋世④，真愁今日作闲人。
纷纷雁水成何事⑤，落落文章独有神。
家祭陈情非誓墓，只怜长是负恩身。

---

① "画眉张敞世无二，大义陈钦岂有三"，"车版"（亦翁《翁矣李仙根》）作"画眉张敞可十八，高节陈钦难有三"。
② "卖国只闻名是桧，杀人何竟姓同参"，"车版"（亦翁《翁矣李仙根》）作"卖国未闻名尽桧，杀人何意姓同参"。
③ "诗与世人分仔细，我中山彼是闽南"，"车版"（亦翁《翁矣李仙根》）作"不有文章资世辨，谁知李益是奇男"。
④ "不分此生犹恋世"句，《李仙根致郑彼岸函》（李仙根手书，时间不详，藏中山市地方志办公室）作"不分余生犹恋世。用白香山诗意"。
⑤ "纷纷雁水成何事"句，《李仙根致郑彼岸函》作"纷纷雁木成何事"。

凤公缋赠香港送别图赋谢

郁郁居夷日，经过尔最亲。
一瓯祛百虑，二谛达三轮。
斑驳腰间佩，晕匀笔底春。
感君相赠意，无奈是吟呻。

七月七日

双星迢递作佳期，堪笑人间事事痴。
艳说今欢犹往眷，缘何良会复伤离。
微霜渐觉凉如水，独夜遥怜鹊绕枝。
不见寻常感时序，已牵世难入秋悲。

问罗君病

汹涌风尘际，因君一起予。比归闻小极，即事已全疏。
丧乱宁中隐，穷愁但著书。千金宜善葆，文字或相须。

汉上

滔滔江汉自东流，寸寸山河入梦愁。
烽火正惊传岭徼，寇氛闻已蔽江州。
元戎鬓白忧宗国，子弟丹心赴世仇。
往事凄迷仍可念，书生休笑范长头。

效钧宴于东亚楼啖海鲜赋谢兼柬

郁郁羁怀欲遣难，乱离尚有此情欢。
并尝兼味鱼双美，远愧前方月一盘。
于世几曾伤马食，累人不分到猪肝。
与君且共些些酒，报道田家镇转安。

今诗说

昔人言诗可止怒，今世有说云召尤。
不忍看它从指马，安能呼我从之牛。
正如骨鲠吐以快，岂谓花落开而忧。
为万古名亦自苦，广陵感奋真无由。

九一八七周年

东隅计事到桑榆，七载真同胯下夫。
解劫我方争后着，投骰人又庆全壶。
木鸡养就知何似，土偶装成亦自娱。
得失有僧只管看，岂堪桑海问遗珠。

履庵寄示吴山带画赋谢

一飞一宿叹微禽，纡郁伤离独漉吟。
乱世可能无聚散，零缣何事有浮沉。
毵毵文翅曾奚竞，濯濯清标岂易淫。
欣赏斋中希赏意，百年原亦慨同心。山带，名文炜，
《明遗民录》不收，中康熙癸酉举人。独漉与诗多露惋惜意。

从军行

虾夷鼷鼠不自量，侵我国土焚我庄。
杀你弟兄寻你娘，七月七日寇焰张。
神圣抗战阵堂堂，大好男儿赴沙场。
马革裹尸姓字香，爱我领袖守纪纲。
披坚执锐势莫当，金鼓振振旗飘扬。
青天白日何辉煌，复我失地驱犬羊。
登昆仑兮涉高岗，圣黄河兮□大江。
山宠岉兮水泱泱，如锦绣兮是仙乡。
中华中华万载长。

献金行

献金鼓响声彭彭，献金台下好弟兄，献金献金争光荣。献金可足食，足食还足兵，足兵足食可令敌人惊①。

献金复献金，有钱出钱，有力出力，无钱无力出良心。良心人人有，良心不用寻。献出良心，四万万大合群②，最后胜利当来临。

敌国穷欲死③，敌军尤可鄙，奸淫掳掠盗贼行为无与比。报国仇、雪国耻，堂堂中国奇男子。

父助饷，子从军，好夫集大勋④。贤内助，启夫君，慷慨男儿当死国，剩着朝朝暮暮对红诏⑤。

好男儿、赴沙场，马革裹尸姓字香。招我中国魂，逐彼黄鼠狼。金鼓振、旗飘扬，青天白日真辉煌。登昆仑、陟高冈，黄河大江、山

---

① "足兵足食可令敌人惊"，"车版"作"足兵足食可令胡儿惊"。
② "献出良心，四万万大合群"一句，"车版"为"齐献良心四万万"。
③ "敌国穷欲死"，"车版"作"胡儿穷欲死"。
④ "子从军，好夫集大勋"一句，"车版"为"儿从军，从军可去集功勋"。
⑤ "诏"疑为"裙"。"剩着朝朝暮暮对红诏"一句，"车版"为"不愿朝朝暮暮对红裙"。

高水长，亿万年，世无疆。①

中国旅行剧团出演李秀成之死一剧观后 <small>缀二十八均多剧中关白语</small>

一定金陵鼎，苍生喜有庆。建胡已失政，华夏望重光。
事业几辽宋，朝仪迈汉唐。天骄诚衮衮，日角亦堂堂。
十郎同仇弟，排门异姓王。庸知归劫运，不仅到萧墙。
众女方思艾，群凶遂引狼。盈廷唯指马，歧路叹亡羊。
壮士死前敌，权奸丽后房。积沉该魏恺，奇问美张纲。
自是大难剥，恨无沙可量。幽兰甘委佩，鸷鸟各高翔。
帝子非全愦，孤忠乃代僵。危城同卵㲮，独力等螳当。
树叶讵支饿，田螺易腐肠。杀妖皆切齿，抉肉来医疮。
功德曾何黍②，戎威益用张。将军歌慷慨，天地色凄凉。
宫阙悲遗炬，君臣遂落荒。英雄嗟陷阱，小丑更跳梁。
气概犹前日，颠毛看尽霜。亲供如草檄，奇语不寻常。
烈魄呼雄鬼，蛾眉并国殇。怀贤怜好□，骂贼快修郎。
痛哭人千古，淋漓梦几场。欢娱才顷刻，热泪忽成行。
通俗易为感，中情大可伤。兴归馀太息，星斗正微茫。

献金词

蓬蓬勃勃战云开，壮士挥戈去不回。
古道兴亡皆有责，万人如海献金台。

士气如山丑虏惊，愿将血肉作长城。
后方热烈兄和弟，争向献金台上行。

---

① "好男儿"至结尾，孙佩荄抄本无，据"车版"补。
② "黍"疑为"忝"。

姊妹相邀来献金，献金爱国表真心。
羞他娇小金闺女，只画双眉问浅深。

巴县重九

乱离时节又重阳，止足登高怯望乡。
近有微言来白雁，难销浩劫到红羊。
海棠开后溪留艳，堕粉沿流水有香。
不为凋伤感秋序，独怜草木似南方。

参政二届会于渝

此是昔贤生聚地，遗风馀烈至今存。
百年开济精神在，十日绸缪意气温。
除却自强无可托，要知为政戒多言。
国仇我更蒙乡难，痛道虾夷闯虎门。余提案援粤。

百忧二十馀年事，微愿于今或未乖。
为感安危思与共，更欢鱼水得和谐。
不知税驾将何所，且住诸君亦复佳。
礼取书生谋国地，段牌坊接两仪街。首届会于汉口两仪街。

十一月十二日宜山道中生朝

癸巳深秋吾以降，建胡此际亦陵夷。
微微志事今朝见，草草生涯入世知。
四十六年弹指过，八千里路是心期。
干戈满地间关日，怕引风霜上鬓丝。

秋雨步均

隔窗渐沥到平明，滴破愁心此一声。
九十日秋迁客感，八千里路故人情。
霜花本不关荣瘁，泉水劳何问浊清。
怪得霄来风雨恶，壁间忽有老龙鸣。

公哲近辑港侨录为书太平山下所见一律

逍遥莫信此为墟，鸡犬新丰但不如。
陈兽盛筵开诈马，无人赪尾识劳鱼。
铜山真欲埋名教，金镜何烦问著书。
想象太平花月夜，贵游流水认行车。

十二月十三日

山河寸寸使心伤，振复蹉跎岁又黄。
一载铜仙辞汉阙，三秋鼙鼓迫枌乡。
强兵自昔非矜众，□国何曾补救亡。
天下正需廉耻将，可能无慨到睢阳。

观物有感

和香有说分沉麝，元气仍愁到痛砭。
蠡倚岖邛宁并失，鱼难熊掌得相兼。
为牺旧喻薪同釜，共命今怜鹣与鹣。
人道荆文极仁恻，辛勤养气免随蟾。

失题

一雨回春绿到门，微波滟滟织云痕。
分明旧梦江南岸，鸡犬随缘别有村。

第十四度飞行得诗三首①

五夕河内车发六晨抵滇境

千里驰驱第二程，轻车辘辘破烟行。
青山背我堂堂去，秋草撩人漠漠生。
尘事暂忘才几日，心潮振荡到无名。
笔头落寞晨星在，猛忆江湖十载情。

海珠江畔楼居十日风景佳绝群英来会国是是谋喜而赋此

十日海珠江畔秋，行云流水雨悠悠。
山光迢递来依晃，树色参差欲上楼。
志决久无官是恋，力微还望国能谋。
南州再四群英会，延企京关雪涕收。

日日

日日冲烟破雾行，自矜腰脚徒年轻。
吟鞭得得重来地，春色融融又满城。
薄植岂堪回旧秘，迂疏宁欲近时名。

---

① 见《小容安堂诗抄》卷四《第十四次航空机中得诗三首》。

安心不复愁缰锁，久拚劳形送此生。

偶作

百役从何贵，一诗聊自鸣。身缘闻处病，力向苦中生。
草绿离人意，花红隔岁情。可应怀故土，山水此鲜明。

失题

叔世莫言贫，欢颜好向人。耸寒撑劲骨，败力出劳身。
风雨檐前泪，尘埃枝上春。此时何有我，万类正悲辛。

寿演明兄四十初度　民二十五丙子

折取寒梅寄一枝，迢迢南北贺诗迟。
客从沧海归来健，身及山林喜可知。
花鸟精神人似旧，风云薪胆梦依稀。
无多怀抱怜销歇，珍重冰霜是此时。

戊寅除夕自渝寄惺岸佩之两兄[①]　民二十七年

寄怀友人

许国宁私儿女情，乃知爱力寄人生。
亲恩罔极难图报，宦俸频添已愈荣。

———
① 见《小容安堂诗抄》卷五。

旧味菜根今不易，寒家诗思可能更。
丹铅未向忙时息，老冀文章或稍成。

感怀二律

一自珠崖弃，惊鸟失故林。十年观世变，咫尺怆归心。
渐喜除残日，定知多好音。不须回首叹，大陆未曾沉。

盱衡天下事，出处古人难。俗弃身方贵，家贫心更安。
论交轻意气，循分守丛残。报国知无状，惟余一寸丹。

和郑春霆胡蝶谷诗元均即题其箹声集

干戈愁绝两年来，郁郁居夷共海隈。
人世已穷诗外事，江山相对梦余杯。
悬怀饮泪空千里，一日柔肠到九回。
闻道箹声今有集，寸心当是未曾灰。

西行杂诗

2 初闻惠州失

大事未云去，身歼正此时。
心肝当已奉，指臂复何疑。
世哑纷妖鸟，途牵见木龟。
杜陵忧国意，诸将若为词。

6　河内

古号天南国，今余正北门。
弹丸犹割据，残绪复相吞。
稚子昔能武，将军每负恩。
兴亡如可数，应起白云言。白云先生，安南名贤，
方之邵康节，能知过去未来，越人奉之如神明。

13　有感

韩伯原谈客，杨雄善解嘲。
敝车仍贯轴，弱鸟肯辞巢。
策策综群玉，心渊不两蛟。
一从身许国，吾道未轻抛。

14　嘉陵江畔

登高试一望，天宇入沉寥。
心共河山碎，秋光草木凋。
世情看剥复，志苦到声销。
此意无人会，悲歌长独谣。

补　遗*

题张谷雏《抗战潮图》八首①

卢沟桥

芦沟桥上狂飚起，天地凄凉日欲死。
堂堂义战四千年，正正旌旗森壁垒。
谁欤戎首千夫指，野心东海一狼子。
呜呼始歌兮歌声悲，此恨绵绵无尽期。

无家别

白日昏兮硝烟烈，大地茫茫泪与血。
兽蹄鸟迹遍江乡，杜陵野老无家别。
含辛茹苦还壮说，身亡不愿金瓯缺。
呜呼二歌兮歌声哀，国仇家难同时来。

傀儡

中华文明重礼义，千古英雄首立志。
头可断志不可夺，之矢靡他誓不二。
苏卿嚼雪李陵辱，文山慷慨歌正气。
呜呼三歌兮我发指，傀儡傀儡胡不死。

---

* 是卷"补遗"主要根据车月峰编辑《李仙根诗文选·尤少纨轶事》（报纸剪
贴本）辑成，共收诗16首。

① 据"车版"（八大：《李仙根之抗战歌》）辑录，题目为编者据该文内容
所拟。

救护

杀×杀×① 火线去，丈夫报国身不顾。
金鼓振振旗飞扬，誓死向前继其仆。
不幸之幸裹创回，羹汤药剂好将护。
呜呼四歌兮歌心长，男儿最好死沙场。

夜袭

黑云压城城欲摧，呼声震天天欲颓。
须臾万籁静复静，月黯星沉闻断雷。
惊魂甫定痛思痛，儿哭娘兮娘寻孩。
呜呼五歌兮歌欲绝，此仇此恨何时灭。

仁言警告

东洋同文同种国，饮文明兮食我德。
近来乃生恶军阀，怜彼憔悴民万亿。
我军仁慈耀三岛，和平为体义为翼。
呜呼六歌兮歌吾仁，虾夷虾夷尔幸恩。

法轮会

谷雒慈悲心一片，七宝庄严图大殿。
殿下十方百千众，息灾法会吁止战。
天地不仁佛岂知，强权世界佛无面。
呜呼七歌兮心焦灼，如何急时抱佛脚。

---

① 疑为"杀敌杀敌"。

和平

百年无不散之筵席，冤家宜解不宜结。
倭兮汝今已衰竭，我流世界和平血。
奈何汝腹甘自切。
呜呼八歌兮歌和平，有人假汝名以行。

粤语诗五首①

（一）

实情中山话即"而家"世界乜东东，一味装傻夹诈聋。
往日神兴咦口笑，而家狼到落拳春。
不溜矮仔都多计，呢阵颠婆重细风。阴阳类要看文典
无谓戙人流眼泪，可怜失运变条虫。

（二）

话佢唔听我又来，软桥硬把一齐开。
有人梗骨难消化程天固语，做鬼唔灵重倒霉。
还肯低头真吽豆，相宜驶颈正猪腮。
老哋细嘅顺德土谈应该醒，缩手呢哪有得赔。

（三）

亚乜话斋唔使计，整佢一躺未为迟。
笃穿纸虎无人怕，睇白生番冇药医。
离谱任由车大炮，有钱出晒买飞机。
而家不用搵猫尾，棚尾拉箱第一衰。

---

① 据"车版"（茶客：《李仙根之粤语诗》）辑录，题目为编者所拟。

（四）

自古蚁多溜死象，韧皮大石唅蒲头。
争番啖气才舒服，搦起良心去报仇。
呖矜夸也到问尽也时容易摔跌也，整成个样实难吼睇也。
有钱有力都唔出，顾住将来无定踎。

（五）

屎忽舞出大关刀，手段高超胆又粗。
唔係额头生对角，定然心口有揸毛。
风车照例沉沉转，铁桶求其密密箍。
得到过桥摇跳板，由他单料笑铜煲。

闻捷[①]

呢阵演真军，台庄杀敌人。忽忽围住佢，棍棍不离身。
木屐丢成地，灵符失左真。闻名天下李，越打越精神。

十七字诗二首[②]

（一）

矮仔话多偈，呢回就倒米。台庄打衰佢，你睇。

---

① 据"车版"（酒人：《李仙根俗语成诗》）辑录。
② 据"车版"（酒人：《李仙根俗语成诗》）辑录。

（二）

马骝骑羊牯，木头畀人舞。终之要落台，何苦。

甲子中秋韶关军次[1]

才抛薄宦江湖去，又到关山八月秋。
为遣愁怀欢有日，怕撩乡思不登楼。
旌旗甲胄看初动，云汉星辰影欲流。
江水夜寒山寂寞，风光如此可无愁。

午随帅节游芙蓉山口占一律[2]

岭上梅花早未逢，先探幽艳到芙蓉。
再来城郭经三岁，此去关山第一重。
历劫众生思普度，从征诸将尚雍容。
至尊忧国犹闲豫，来味云间古寺钟。

---

[1]　据《李仙根诗集》1924 年 9 月 19 日。
[2]　据《李仙根笔记》1924 年 9 月 21 日。

岭南书风

　　说明：《岭南书风》（又名《楚庭书风》），整理时所见有三个版本：1.《楚庭书风　五十绝句并序——广东文物展览会观后作》，连载于《探海灯特刊》1940 年 3 月 13～30 日各期。以下简称"《探海灯》版"。2.《楚庭书风　并序——赴广东文物展览会后作》，刊于广东文物展览会编《广东文物》（香港：中国文化促进会，1941 年版）第 45～51 页。以下简称"《广东文物》版"。3. 李仙根遗著：《岭南书风》，桂林文化供应社，1943 年 7 月版。以下简称"桂林版"。

　　"《探海灯》版"是最早发表的版本，错别字较多。而"《广东文物》版"较"《探海灯》版"不少地方显然经过增删和修改，有关的资料显示，"广东文物展览会"筹备期间，曾向李仙根征集展品，故《广东文物》所刊登的版本，应是李仙根所提供的增删修改后的版本。"桂林版"与"《探海灯》版"基本一样。"桂林版"编者吕集义在书后称"书风绝句五十六首，视原稿稍有删易，皆先生手定"，因此，"桂林版"当是作者最后定本。因此本书以"桂林版"底本，参考"《广东文物》版"进行整理。"《广东文物》版"较"桂林版"多出 2 首诗，亦按顺序补入。

序

　　岭南书风，非论书绝句也，书风自与书法异也。稽其源流，析其支派，穷其变迁，审其媸妍，积学而工，积时成艺，五乖五合，执使用转，会于心而运之笔端，形诸纸上，皆书法也。或不足以觇世运、察人情、断时世、别隆污，则风斯尚矣。吾越昔邈中原，文明较后，然蛮夷大长，老夫臣佗，一代雄风，至今犹去古未远。自曲江、文溪、泰泉、白沙，以至近世，岭学之盛，反若衣被岭外。宋明遗民之众，抗敌之烈，以迄我总理揭橥主义，倡导革命，一代有一代之风，一朝有一朝之烈，民到于今称之，此真所谓粤风也。于文章见之，于书尤足表之。犹之荏弱之笔，甜熟之态，飘滑之气，或浮光掠影，或因应俗趋者，自宋至清，极不见诸粤之真能书者，非学有所偏，实风斯为扇。今兹文展之书，南海衣冠，一堂毕陈，恣我观览，向之所感，诚足为证矣。学书多时，毫无寸进，语冰窥井，岂敢步书林，浮艺海。今之所作，既非论列，实抒怀抱，寸心得失，自审而已。仙根李蟠自识。

真迹人间欲见难，宋元托始亦丛残。
书风若溯千年上，断碣犹同墨宝看。

侍亲曾拜海珠祠，千载宗风念在兹。
世事沧桑真到眼，墨痕深恨不能窥。

　　远祖文溪公，讳昂英，宋宝庆进士，累官吏部侍郎，不畏强御，贾似道等俱为所劾，众奸惮之，卒谥忠简。工诗，文尤深窈，有《文溪存稿》、《文溪词钞》，致仕后，隐居羊城海珠寺，后建祠于此，子孙岁时奉祀，少日常随先公瞻拜，公并工书，麦君华三近为余言，曾见其真迹，书仿北海，极渊茂，惜未拜观。

人到能闲笔亦仙，却难明末论诸禅。
五羊坛上欹斜草，并代犹堪比玉蟾。

　　古成之，居五羊观，后传仙去，观有碑，刻公草书一首。白玉蟾，宋末琼州人，能诗工书，后不知所终，传亦仙去，封紫清真人，有《琼海集》，手迹仅三帧，一存北平清宫，一存关伯衡家，一为叶遐庵先生所藏。字似陈抟，遐庵近为余言。

三月红香宋荔枝，天王桥外侍郎祠。
我曾剔藓寻遗迹，凄绝孤臣两首诗。

　　马南宝，香山沙涌人，家饶财，读书好义，尤工诗。宋景炎二年，端宗航海过邑，南宝献粟饷军，受敕奖，召拜权工部侍郎。帝幸沙涌，宫于其家。元兵陷广州，景炎三年春，都统凌震克复之。南宝有诗志喜，今不见。景炎帝崩于岗州，卫王昺即位走崖山，南宝悲而绝食，不死。元人籍其家，尝作诗曰："翔龙宫阙已蓬飘，此日伤心万国朝，目击崖门天地改，寸心难与夜潮消。黄屋匡扶事已非，遗黎空自泪沾衣。众星耿耿沧溟底，恨不同归一少微。"闻者哀之。已而元兵欲屠潮居里，里人为南宝危，不为动。后闻陈宜中占城奉帝，元主令捕之，于是招讨使黎德、梁起莘与南宝起兵运粮抗战，及起莘失节降元，南宝与德讨其叛，被执不屈死之。马氏族谱谓侍郎工书，二诗曾刻于祠石，后亦遭毁，惜哉。

　　　　风雅乡邦溯泰泉，小书命笔入唐贤。
　　　　古人不见今何恨，犹有芳型在我前。

　　黄佐，字才伯。祖瑜，字廷美，号双槐老人。父畿，字宗大，学者称粤洲先生。吾邑三代乡贤，一门风雅。佐选正德庚辰进士，旋试授编修，充岷府副使，除江西佥事，改督广西学政，丙申以翰林编修，兼左春坊、左司谏，寻进侍读，掌南京翰林苑，擢国子祭酒。致仕归，讲学禺山之阳，从游者众，学者称泰泉先生，有《泰泉集》，书仿唐贤，尤类永兴，风神奕奕，真粤风也。

　　　　白沙之学自中庸，落笔能开万古胸。
　　　　镌石辨奸岩① 一字，厓门风雨走茅龙。

　　陈献章，字公甫，万历从祀孔庙，世称白沙先生，作书喜用束茅，名茅龙，别开挺健派，亦无过庭习气。

　　　　落落乾坤一往情，钩② 台风月老门生。
　　　　静中养出诗如许，掉臂从容大道行。

　　湛若水，字元明，学者称甘泉先生，白沙弟子，工诗，书法其师，亦用茅笔，极奇肆。

---

　　①　"岩"，"《广东文物》版"为"严"字。
　　②　"钩"疑为"钓"。

刚峰高节世所重，奕奕精神照百年。

赝本恨他存点画，硬将甜熟污前贤。

海瑞，字汝贤，学以刚为主，自号刚峰。嘉靖举人，官吏部侍郎，及卒，家贫甚于寒士，谥忠介，书法颜鲁公，饶刚劲之气，世多赝本，识者能辨。

黎家三凤早飞扬，八法尤推瑶石长。

我昔见书如见宝，明金书箑十三行。

黎民表，字惟敬，号瑶石山人，黄文裕弟子。嘉靖举人，河南布政司参议，与弟惟和、惟仁，称黎家三凤。惟敬工真草隶书，有《瑶石山人稿》，余旧见其所书便面，字仿十三行，颇可珍。

建霞高迥真难及，诗思玲珑笔有神。

还箑年前曾作记，通家后学托宗人。

李孙宸，字伯襄，小榄人，万历进士，授翰林，制诰再掌春坊左庶子进国子祭酒，崇祯初晋礼部侍郎，通蓟陷，上方略七事，甲戌一疏乞归，赋金陵思归百韵。年五十五，卒于官，赠太子太保，谥文介，有《建霞集》，书法严整，前岁曾以公书箑还其裔孙。

寿考无如鸠艾翁，即论馀事不凡庸。

却从绚烂归平淡，倒薤悬针入晋风。

伍瑞隆，字国开，香山小榄人，天启化州教谕，授翰林院待诏，历河南兵巡道。明亡，隐香山城南鸠艾二山间，因号鸠艾山人，著述甚富，能画，书学二王，行草极见风致，卒年九十馀。

阁老名高在胜朝，飞云游雾见丰标。

一门风雅称双绝，往事凄迷有落潮。

何吾驺，字龙友，万历己未进士，崇祯初晋左春坊，充经筵讲官，寻擢礼部侍郎，同王应熊入阁，唐王在福州召为首辅，闽疆失，永明王以原官召之，为金堡所劾，又与苏观生迎绍武，罢官归乡卒。著《元气堂集》，书法晋人，曾石刻楷书二种。子巩道、皇图，孙栻、太占，俱工诗书，皇图名尤噪。

督师自是奇男子，当代无人为讼冤。
欹仄三行怀素草，何尝一笔到姿妍。
袁崇焕，东莞人，字元素，明万历进士。崇祯初，以兵部尚书督师辽蓟，被诬磔死。魏阉建祠，崇焕亦上颂，人以为冤。

气挟风雷剑有芒，觥觥奇士说莲塘。
平生下笔千言疾，写入生绡字字霜。
郑一岳，字于赓，香山莲塘人，崇祯进士，授丹徒令，复迁山东单县，所至有声，致仕归舟，闻甲申之变，呕血卒。能诗，书法北海，饶劲气，如其人。

势异时移有是非，难期心事故人知。
迸将绍武君臣泪，滴入云笺和墨糜。
王应华，字崇闇，与苏观生迎绍武，拜东阁大学士，后礼道独，号函诸，书法长公，世人不重之，然亦有独到处。

无勇无权一腐儒，引刀不负好头颅。
遗篇莫作云烟看，熠熠犹同临命书。
陈邦彦，号岩野，明末与黄公辅、陈子壮、张家玉起兵抗清，被执殉国，书法少见，今所陈列，或是真迹，有刚健之气。

文章不朽关风节，翰墨能传入性灵。

三百年来犹凛见，牡丹诗与字双荧。

黎遂球，号美周，世称牡丹状元，明末殉国，书法钟王，刚健婀娜。

茫茫血海滚秋涛，一死夷齐莫比高。

四十作书风乍变，不宗董米恶柔毫。

陈子壮，字集生，号秋涛，万历翰林，官至大学士兵部尚书，永历时与陈邦彦、张家玉、黄公辅分路起兵勤王，失败，被执殉节。公书四十前学米颇似香光，四十后改用健毫，学北海，又宗山谷，与弟子升乔生诗书为世所重。

正色立朝梁仲玉，平平笔意见丰姿。

吾乡亦有桐封在，旷代风流更并时。

梁元柱，字仲玉，顺德人，天启进士，陕西御史。继杨琏劾魏珰，归粤以诗酒终。卢兆龙号本潜，香山人，天启进士，掌计典，先后入谏垣，奉怀宗命册封益藩，有《桐封集》。二公俱工书，但不多见。

文烈觥觥万古名，诗书馀事见峥嵘。

若从当日论风格，不数大家梁与程。

张家玉，字元子，东莞人，崇祯翰林，党东林，与苏观生护唐王入闽。观生拥立绍武，以侍郎召，不拜。桂王，授兵部尚书，提督岭东军务，右副都御史，力战死，赠太保，增城侯，谥文烈。能诗，以隶笔写兰石行草，气势如其人。程周量、梁佩兰俱工诗及书，明亡后，与清试，于三家中，不如陈恭尹也。

狂侠恢奇海雪君，真行篆隶草为文。

一门义烈谁堪拟，父殉琴书子死军。

邝露，字湛若，明南海奇士，少补诸生，试恭宽信敏惠题，五比为文，以真行篆隶草五体书之，甚① 妙绝伦。以迁邑令走粤西，为猺女云（猓）娘司记室，著《赤雅》一书，复刻其诗曰《骄雅》，皆手自书之。子鸿，字剧孟，亦不羁。丙戌之难，率北山义旅战于东郊死之，赠锦衣千户。戊子荐起，擢中书舍人，庚寅奉使还广州，清兵至，与诸将戮力死守凡十阅月，城陷幅巾抱琴将出，敌骑白刃拟之，笑曰，此何物，可相戏耶，骑亦失笑，徐还所居海雪堂，环列古琴图器，怀素真迹，啸歌待骑入，死之。余藏其丙午所书《昼锦堂记》，仿《颜家庙碑》行书一帧，镕铸篆隶，奇肆瘦硬如其人，隶书宗夏承，实开独漉一派。

岭南独行多奇士，恣肆汪洋屈华夫。
书在晚明真复古，钟张馀烈入清娱。

屈大均，字冷君，号翁山，初名绍隆，番禺人，明末诸生，陈邦彦弟子，国亡后礼函罡天然为僧，号今种，又著黄冠，号一灵，工诗，书仿钟张，隶法夏承，著作等身，为明末名家，华夫其别名，遇华姜夫人后自署也②。

元孝诗名天下闻，作书尤足见雄浑。
夏金铸鼎能开拓，形似何如到八分。

陈恭尹，字元孝，号独漉，顺德人，以父邦彦明末殉国，遂隐居不仕，工诗，与屈大均、梁佩兰称岭南三大家，恭尹实为之冠，书尤雄浑，仿夏承，一时无两。

铁桥提笔如提剑，画有精神字有棱。
直取宜官奔腕底，是真不学到难能。

张穆，号铁桥，东莞人，倜傥任侠，工诗，善击剑，耻章句，画

① "甚"，"《广东文物》版"作"其"。
② "《广东文物》版"无"遇华姜夫人后自署也"一句。

马学韩幹，年二十七逾岭北游，思立功边塞，厥后屡不遇，遂不复出。少与黎遂球、梁朝钟、邝露游，露尝称铁桥呵笔而千言下，志投笔而擅美六书，薄雕虫而专精绘事，钩圜飞白，咄嗟立办，腕中有师宜官也。以布衣终。

章草岭南推伯起，八分争得及朱完。
北田五子皆奇绝，不去庐中会古欢。

马元震，字伯起，明南海诸生，工章草隶书，与朱完争名。完字季美，号白岳山人。何绛不偕，陶璜苦子，梁琏器圃，何衡萝峰，与陈恭尹称北田五子，以气节相尚，皆工诸体书，绛尤得二王正派，璜与琏工章草，世不多见。余藏璜家书一通，极珍重之。

入室元常王雅宜，楚庭还有一蒲衣。
秋河世烈当时彦，诗写无题托兴微。

王隼，号蒲衣，邦畿子，工诗，有无题百韵，书法元常，似王雅宜，风雅独绝。易宏号秋河，新会人，吕留良弟子，五岳登其四，诗格高迈，有无题三十章，与大樗堂无题并称。陶天球字昭辑，新会人所居号世烈堂，明亡后怆怀君国，悉寓于诗，皆善隶书，小楷亦与蒲衣同得元常气韵，曩于羊城见之。

三绝人称独善堂，森然天骨到开张。
当年师友皆名士，运腕真堪到① 二王。

高俨，字望公，新会人，三绝有名，与陈子升、张穆善，有《独善堂集》，书世亦可见。

---

① "到"，"《广东文物》版"作"入"。

自署村獠与俗辞，思亲忆国泪沾衣。
佯狂忤世书能见，竹本兰根一派归。

彭睿壦，号竹本，顺德人。父耀，桂王遣谕聿锷，为所杀。壦痛父难，复遇亡国惨痛，佯狂自放，文品并高，善画兰竹，工草法，筋节皆劲，称竹本派，与张东海汝弼书同工，而瘦劲过之，间亦写章草，余旧藏竹本书四五种，今仅千字文一卷，颇似怀素。

语录憨山手自书，编年纪梦亦如如。
涂鸦后记圆机捷，深度闲云自卷舒。

粤释憨山较早。光鹫字迹删，方氏子，工诗文，书尤隽拔，《编年纪梦》为所著记录。圆机捷，海幢僧，手书涂鸦集。深度，字孟容，号白水山人①，书法出入长公、衡山，有闲云卷舒之妙。

国亡家破欲何之，身寄山颠复水涯。
禅藻漫嫌蔬笋味，行间犹郁万千悲。

明亡后，士夫多有复国之志，事不济，每托于道林，余所见诸僧诗翰虽平淡，而侠义之气，于字里行间见之，令人莫不悲其遇，而感其诚也。

海云遗老拜天然，飘泊千山是比肩。
垂暮不忘匡复志，只将心事托残笺。

释函罡，字天然，俗姓曾，番禺人，崇祯癸酉举人，匡庐道独弟子，历主丹霞、海幢、芥庵、华首，倡法雷峰，明亡后士夫多皈之，后开今古两代师，诗书并茂，无纤毫俗态，憨山而后一人而已。函可，字祖心，号剩人，博罗人，俗姓韩，与黎遂球、梁朝钟、罗宾王游，有康济天下之志，复礼道独，字函可，福王立，请经走金陵，居顾梦游家，国再变，亲见诸臣死事，因记为私史，遭发，械送京师，后谪戍沈阳，其弟宗归等及全家，皆抗节赴义殉难，故为诗多悲哀

_____

① "《广东文物》版"后有"南海人"三字。

语，书不多见。

墨缘隔代结诸今，苦行穷书迹可寻。

何日恩仇心事了，一窗晴日写来禽。

余先后得今无阿字、今辩乐说、今印海发、今镜台设、今儆敬人、今觊石鉴、今壁①彻千、今释澹归、今惜②记汝，诸师诗翰，皆函罡弟子，明亡后为僧，其书各有所长，多以颜李为根柢，今释、今无尤精妙绝伦。

残丛独爱寻遗逸，断简零缣验泪痕。

一度干戈一沦落，可怜还有未招魂。

曩在粤颇欲访遗逸墨迹，所得如李在湄、梁无技、李若瀛、王隽儒、陈之璘、愿光、李光大、袁登道等手迹，或宗诸米，或写章草，或临夏承，其出处除梁、袁外，多不可考，书皆精绝。近年离乱，此兴无有，羊城遭劫，前有所见者，又不知流落何所，惜哉。

章草必元堪继马，佘吴书兴亦萧闲。

石溪篆法传东塾，筋健黄芳独写颜。

欧必元，字子建，习章草，体势古雅。佘志贞、吴山带，亦从章草入隶，与北田五子同时。番禺黄子高，号石溪，篆法入古，东塾实传其艺。黄芳，琼州人，书学鲁公，直是南园一派，与邝露、方天根少异趋，亦佳作也。

洒落风神廿七松，淋漓拨墨写涪翁。

书成退笔藏铭语，感物存诚谁与同。

---

① "今壁"，应为"今璧"。

② "今惜"，应为"今偖"。

廖燕，字柴舟，号所居曰二十七松堂，清初人，隐居不仕，诗文隽拔，字学山谷，曾于韶州见之，燕有退笔藏铭，感物存诚，警语也。

堂堂金竹希贤圣，书爱端方不爱圆。
真草若从前代取，停云应许与随肩。

胡方，新会人，字大灵，居金竹，学者称金竹先生，康熙贡生，讲求理学，教人以力行为主，书端整而秀，颇似晚明文氏。

凤城五子石湖奇，托意闺情得句痴。
楹帖记曾山寺读，天真烂漫是吾师。

罗天尺，顺德人，号石湖，乾隆举鸿博不就，与佘锡纯、陈纷、严大昌、梁麟生称"凤城五子"。曩在香山隐泉寺见其所书楹帖，一片天真，余最爱之。天尺有闺情诗云："美人情何痴，爱教鹦鹉语。鹦鹉不能言，倚栏泪如雨。"不知何所托也，篆隶俱妙。

盛极康乾古未遥，甘汪诸子各清标。
风行秘阁升元帖，传写家家不寂寥。

康乾之际，帖学大兴，阁帖在粤，尤一时称盛，几于家置一本。汪后来白岸，甘天宠侪鹤，有名当时。

近代书人重董思，吴兴一派也乘时。
粤风从不趋甜熟，何物乌光方困之。

香光、吴兴，一时之盛，粤独抑之，举子业不得不习乌光方，率更直是津梁矣，嘉庆以后，渐为所困。

祭酒书坛黎未裁，张谭冯谢亦雄哉。

芋洲还足称前辈，吴吕黄方不易才。

二樵黎简，三绝清高，无人不识，隶法时效恭尹。当时诸家爱临石经，独药房张锦芳习韩敕礼器碑，行草入钟王。鱼山冯敏昌、芋洲黄丹，书独爱阁帖，笔笔入妙。康侯谭敬昭，书虽仿长公，而活泼神韵，独步一时。谢兰生澧甫，运笔阁帖，于褚尤近，自是名家。香山黄培芳，不与诸贤同功八分，书自超脱。子谷方天根，专工颜柳，亦习八分，风神颇类邝露，先勺园公激赞之，有"铁城善八分，在昔推子谷"语，盖心折之也。

书似汀州有海骚，三山隶笔自称豪。

拨镫得似春洲子，温石招冯品亦高。

陈昙海骚，书近汀州，而颇学海雪。刘华东三山、彭泰来春洲，俱有汀州墨妙，非故宗之，取径同，故相近也，三山或更过之。明炳麟八分亦有意态。温汝适、汝能、汝遂、汝述、石经、招子庸、冯誉骥，均能书，冯尤多艺。

熊潘苏李近欧虞，惟有南山独爱苏。

红杏风流人不及，米家一舸落江湖。

笛江熊景星，南雪潘有为，古侪苏珥，花庵李黼平，乾嘉时均工书。南山张维屏，独学大苏，仍是当时风尚。芷湾宋湘，宗海岳，亦往往入北海，故近吴兴，风靡一时，不知其少时仍习率更也，芷湾曾为香山丰山书院山长，墨迹流传吾邑最夥。

谁谓筠清笔太偏，率更胎息又苏仙。

兰亭取势寻波磔，金石渊渊入晚年。

荷屋吴荣光，初学率更，存苏貌，及其中年，专事兰亭，更窥大令，晚年北碑入行草，古朴渊茂，近代当首座矣，生平事功不掩学问，筠清诸作，自可传也。

南雪簪花格独超，一家词赋玉联镳。

同时念我乡前辈，曾鲍陈何先后凋。

南雪叶衍兰，习欧虞，擅真书，作小篆，名贵一时。曾望颜瞻孔，亦宗长公。陈琼壶子清，写北海而后追踪晋贤，自从先实庭公游，更爱勺园书法，不落俗韵。鲍逸卿俊，直宗北海，而结实有气力，于吾乡近代，颇与何璟小宋① 颉颃。黄绍昌最晚，诗画俱学玉局。

穷经白首尚钞书，朱李陈梁一代儒。

若以清时论风格，百年低首邓鸿胪。

九江朱次琦，兰甫陈澧，若农李文田，节庵梁鼎芬，皆一代儒林，诗书馀事。邓铁香承修，集南北碑一炉镕冶，刚劲之气，盎然纸上，百年以来，无此作也。

昙（礦）村农迹未陈，山阴为貌董为神。

同光真足开新派，未诋吴兴是贰臣。

汪琭芙生，号越人，自山阴来籍番禺，工诗，书法吴兴，写兰亭，亦爱董其昌，隶体习礼器、孔庙诸刻。其婿朱启连、子兆铨，俱有声。又谓吴兴书自是大家，更传吴郡书谱，故其后一派，皆熟习之。

楹帖曾观石达开，王韬同是太平才。

武夫不是无根柢，早撷芹香入泮来。②

石达开，贵县人，太平朝中与王韬同是第一奇才，曾见其楹帖，书法鲁公，气雄力厚，谁知其为叱咤风云武夫耶？洪冯诸王书虽不佳，亦自成一派。

---

① "小宋"应为"筱宋"。
② 此首"桂林版"无，据"《广东文物》版"补入。

晚近颐巢入北海，研深吴郡是萧山。

罗江曾自珍书格，雅爱兼葭一味闲。

陶邵学颐巢，独宗北海，筋骨俱到。隶坨朱启连，执信之父，书法其丈人汪瑔，独深吴郡书。江逢辰习苏，罗惇衍习欧，亦写唐隶。曾习经，习黑女，亦写瘦金，俱有独到。晦闻黄节，大有唐人写经神气，曾语余云："我诗未足传，我书闲淡颇自喜，"其然岂其然乎。

光明正大垂青史，天下为公写至文。

总理聪明自天亶，何尝槃礴学乌云。

总理孙先生，自谓平生未尝习书。谭祖安云，其书不但似东坡，而往往有唐人写经笔意，正直雍和如其人，真天亶聪明，凡夫虽学，而不能也。余奉侍久，尤敬识之。

不匮渊深是我师，十年珍重手书诗。

河南海岳归镕冶，驱使曹全更一奇。

展堂胡公，功业彪炳，不掩其诗书之名，合褚米成一家，清挺峻拔，晚写曹全，集字为诗如己出，真绝诣也。

直翁生硬早成家，史李修龄共可嗟。

一度艰危成一绝，人书俱瘦比黄花。

直勉林先生，为余述其所学云，初与李烈士文甫同习永兴、大令，喜擘窠大字，及参与革命，与诸节士游，得执信、毅生之切磋，更习汉隶，尤喜石门、礼器、张迁、校官、郙阁诸石刻，盖南帖北碑，无不揣摩，以生硬瘦劲为主，每遭遇艰险，书法必一进，天不与年，造诣只此，良可惋惜。史烈士坚如，天姿明敏，字娟秀，不类其人。

桐馆秋闲草草书，泽公得法亦如如。

伍唐萧邓功名掩，难得陈杨并廖朱。

　　湘勤古先生，少习曹娥，晚师吴郡，亦学史晨，规行矩步。泽如邓公小时失学，晚时专学其本家石如，篆隶行草甚得其解。秩庸伍公，书极沉实，子梯云，亦能书。佛成萧公，诗书画不学而能，且通梵文，人少知之。少川唐公，在李合肥幕久，故作字颇似山谷。仲元邓公从军久，三十后极力学书，亦有成就。陈公少白，杨公鹤龄，书均有法度。至仲恺廖公，执信朱公，学有根柢，天姿聪敏，于学无所不窥。朱公写吴郡，犹是家学渊源，早成馨逸。吾于朱公最宗仰，别有专论。

　　　　　　北碑南帖日纷纭，万木森森欲薄云。
　　　　　　简岸亦多诗弟子，缮经绁史两途分。
　　万木、读书两草堂，清季之杰，当时师友皆九江派，衍如、燕荪、卓如、晦闻，皆卓尔不群。

　　　　　　黑旗画虎气如虹，一战成名一代雄。
　　　　　　海日岭云心事苦，独将知己属黄公。[1]
　　刘永福渊亭，真民族英雄也，写虎字独工。邱仲阏仙根割台之役，心事独苦，黄公度称为其一生知己，诗称雄健，书并苏黄，馀事相同，气类可知已。

　　　　　　榜书寻丈见迎阳，得似榴花势更苍。
　　　　　　濠镜海门存史迹，独怜片石阅沧桑。
　　中山南门月山下有石，高十馀丈，大五丈许，传成化间巡海都督张通以戟钩"迎阳"二大字，字亦寻丈，气势雄厚。宋末东莞义士熊飞将军兴兵勤王，战死榴花塔，银塘山上有石镌"榴花银塘"四字，字丈许，县志载为熊飞书，且评有乱而复整语。虎门岛有石旧刻"对我来"三大字，今不见。崖山奇石镌"宋张宏范灭宋于此"八字。

---

　　①　此首"桂林版"无，据"《广东文物》版"补入。

"海镜"榜书，在澳门妈阁庙，传翁山书。

涵芬述德愧名家，奕叶芸香倘未涯。
幸是祖庭良楷在，不将一笔入浮华。

吾家自悝斋公苍城铎响后，勉村、剑山、菊水、伯廉公，俱能书，且书必宗晋唐，隶法以孔庙诸刻为法。先严达庐府君，少年仍师祖法，晚年自号行素，独爱怀素书，书启往来，人多苦之。余承庭训，渐能点画，自惟姿钝，久习无成。先勺园论书诗云："逐贤竞伪体，姿媚趁流俗。神通贵瘦硬，心正必端肃。意会手不随，庶几远甜熟。"祖庭良楷，不敢违也。

三沐三熏拜古魂，微微心火可重温。
眼中又见尘沙劫，一字将成梦一痕。

廿年掇拾意将阑，况有烦忧不可删。
敢与诸贤论绝艺，书风留取念家山。

集义按：右书风绝句五十六首，视原稿稍有删易，皆先生手定，谨此注明。

跋

《岭南书风》者，中山李仙根先生仿元遗山论诗绝句，品评粤东历代书家之作也。尝披诸香港某报端，题曰《楚庭书风》，寻易今名。广州沦敌，先生尽委其秋波琴馆所庋金石书画，独挟诗稿数巨帙以西止于罗池庙畔，杂屠沽佣保，酣歌嬉笑，洒如也。既而将有渝州之行，道出桂林，与余相值，甫通名姓，先生递把吾臂，熟视曰："君乎，君乎，闻之履庵久矣，不图今日见之!"履庵者，余之故人，往岁余尝主其家，与先生为宗亲，故相善也。自是，日必相见，见必论诗。雨屋深灯，议论上下，宵分不肯休。又尝携长筇縆星岩之幽，攀月牙山危阁，俯瞰沧波，穿风洞，踞百尺重崖，遥数隔江诸峰，放歌以归。归即命酒赋诗，疾书数纸授余，又出其诗稿如干卷相示，所谓《岭南书风》者在焉。余以时局多故，易于散佚，请归录其副。越日，先生造余，曰："吾诗不足存，惟书风数十章可觇粤人风尚，不仅论书。君能为我刊之，吾之愿也。"先生居桂林一月，遂以飞机赴渝，余送之机场，濒行，执余手曰："此去相见未可期，《岭南书风》敢以托君。"余不乐其言，黯然颔之。别未二月，而先生之赴遽至。向之殷勤以所著相托者，岂中有所感，遂不觉形诸语言，倘所谓谶者非耶？先生早岁奔走革命，功在家国，馀事为诗，出入晚唐宋人，清新隽秀，卓然名家，尤以书风五十馀篇，精审渊博，所关者大，信为不朽之作，宜其郑重丁宁以托于余也。虽然先生有佳儿能读父书，生前交游遍国中，问茂陵之遗稿，他日岂遂无人，乃必郑重丁宁以托于余？此余所以感愧惶恐唏嘘太息而不能自已也。先生之丧，余既设位以哭，于是请于其亲故，得金若干，亟将《岭南书风》校刊。坐对遗编，一灯荧然，往日追陪酬唱之乐，犹历历心目，而先生则既往矣。

民国三十二年七月一日陆川吕集义谨识

后 记

先岳李仙根先生的日记和诗集在他去世 63 年后得以刊行，可说是对孙中山先生诞辰 140 周年的一个很好的纪念。

先岳李仙根一生忠诚于孙中山先生的革命理想，孙先生在天津病笃之时尚电召先岳北上陪侍，足见信爱之深。抗战开始以后，先岳只身赴武汉、重庆，共赴国难。当时国家内忧外患，先岳时时忆想当年追随中山先生革命时期一派蓬勃气象而感怀不已，出席国民参政会对时政多有抨击，又广交各界人士，为当局所忌。1943 年 6 月 5 日，先岳李仙根在寓所去世。我听亡妻李玮说先岳母孙少卿曾听马湘先生说过，先岳可能是国民党蓝衣社特务暗害的。1964 年，我求证于廖梦醒大姐，她也认为先岳李仙根有被特务杀害的可能。

先岳李仙根去世后，除 1943 年 7 月刊行的遗著《岭南书风》之外，其余诗文书稿多已毁失。所幸先岳刻意保留的、记录他革命卅年中最值得回忆时期的三本日记以及先岳母孙少卿整理的诗稿尚存。感谢孙中山故居纪念馆大力支持，以严谨负责的态度整理日记和诗集，并交文物出版社出版，俾世人得以了解先岳与孙中山先生的深厚情谊，重温先岳苦心撰成的诗篇，也圆了李仙根后人多年未了的心愿。

王世晋

2006 年 9 月

封面设计：张希广
责任印制：张道奇
责任编辑：张　芳

图书在版编目（CIP）数据

李仙根日记·诗集/王业晋主编. —北京：文物出版社，2006.10
ISBN 7－5010－2009－4

Ⅰ.李… Ⅱ.王… Ⅲ.①李仙根－日记　②诗歌－作品集－中国－现代　Ⅳ.①K827＝6②I226

中国版本图书馆 CIP 数据核字（2006）第 118451 号

李仙根日记·诗集

王业晋　主编

＊

文 物 出 版 社 出 版 发 行
（北京市东直门内北小街 2 号楼）
http：//www.wenwu.com
E-mail：web@wenwu.com
北京美通印刷有限公司印刷
新 华 书 店 经 销
787×1092　1／16　印张：20
2006 年 10 月第一版　2006 年 10 月第一次印刷
ISBN 7－5010－2009－4／K·1069　定价：25.00 元